Richard Wagner

Über Schauspieler und Sänger

Richard Wagner

Über Schauspieler und Sänger

ISBN/EAN: 9783744662369

Printed in Europe, USA, Canada, Australia, Japan

Cover: Foto ©Thomas Meinert / pixelio.de

More available books at **www.hansebooks.com**

Über

.

Schauspieler und Sänger.

Von

Richard Wagner.

Leipzig.

Verlag von E. W. Fritzsch.

1872.

Zu wiederholten Malen gerieth ich, in Folge meiner Untersuchungen des Problems der dramatischen Kunst und ihrer Beziehungen zu einer wirklich nationalen Kultur, auf den entscheidend wichtigen Punkt der Eigenartigkeit der Natur des Mimen, unter welchem ich den Schauspieler und Sänger begriff, denen ich, vermöge des besonderen Lichtes, in welchem diese mir erschienen, sogar den eigentlichen Musiker beizugesellen mich veranlaßt sah. Welche ungemeine Bedeutung ich der mimischen Kunst beilegen zu müssen glaubte, bezeugte ich durch die Kundgebung der mir aufgegangenen Einsicht, daß nur aus der Eigenartigkeit eben dieser Kunst Shakespeare und sein künstlerisches Verfahren bei der Abfassung seiner Dramen zu erklären sei. Wenn ich fernerhin auf die verhoffte Begründung einer wahrhaft deutschen theatralischen Kunst, und die Erfüllung der höchsten, dem Drama vorbehaltenen, künstlerischen Tendenzen durch diese, überhaupt hinwies, faßte ich die Möglichkeit dieser Verwirklichung nur unter den Voraussetzungen in das Auge, welche ich in den folgenden, aus einer früheren Schrift*) hier wiederholten Aussprüchen bezeichnete.

—————

*) Über die Bestimmung der Oper. Leipzig, E. W. Fritzsch.

„Unsere Schauspieler, Sänger und Musiker sind es, auf deren eigensten Instinkten alle Hoffnung selbst für die Erreichung von Kunstzwecken, die ihnen zunächst gänzlich unverständlich sein müssen, beruhen kann; denn nur sie können die einzigen sein, denen diese Zwecke wiederum am schnellsten klar werden, sobald ihr Instinkt richtig auf ihre Erkenntniß geleitet wird. Daß dieser durch die Tendenz unserer Theater hiergegen nur auf die Ausbildung der übelsten Anlagen des theatralischen Kunsttriebes hingeleitet war, dieß ist es aber, was uns eben den Wunsch eingeben muß, diese andererseits unersetzlichen Kunstkräfte wenigstens periodisch dem Einflusse jener Tendenz zu entreißen, um sie in eine Übung ihrer guten An- lagen zu versetzen, welche sie schnell und entscheidend der Verwirk- lichung unseres Kunstwerkes dienlich machen würde. Denn nur aus dem eigenthümlichen Willen dieser, in ihrem mißleiteten Gebahren so sonderbar sich ausnehmenden, mimischen Genossenschaft kann, wie von je die vorzüglichsten dramatischen Erscheinungen aus ihr hervor- gingen, auch jetzt das von uns gemeinte vollendete Drama empor- wachsen. Weniger durch sie, als durch Diejenigen, welche ohne allen Beruf hierzu sie bisher leiteten, ist der Verfall der theatralischen Kunst unserer Zeit herbeigeführt worden, und jedenfalls nur durch sie kann diese wieder emporgerichtet werden.“

Nach dieser Voranstellung habe ich gewiß nicht zu befürchten, von den Genossen der mimischen Kunst mißverstanden zu werden; und meine weiteren Bemühungen zur Aufdeckung einer klaren Er- kenntniß ihrer wahren Bedürfnisse durch möglichst eingehende Er- forschung der Natur dieser Kunst werden mir hoffentlich nicht den Anschein zuziehen, als ginge ich von irgendwelchem Gefühle der Geringschätzung für dieselbe aus. Um jedoch der Möglichkeit eines solchen Anscheines noch entschiedener zu begegnen, will ich sofort meine wahrhaftigste Meinung über das Wesen und den Werth der mimischen Kunst in den bestimmtesten Ausdrücken zusammen- fassen.

Hierfür verweise ich zunächst auf die einem Jeden, welcher die Wirkung theatralischer Aufführungen auf sich wie auf das Publikum kennen lernte, offen liegende Erfahrung, daß jene Wirkung ganz unmittelbar von den Leistungen der Schauspieler oder Sänger ausging; und zwar war diese Wirkung so bestimmt, daß eine gute Aufführung über den Unwerth einer dramatischen Arbeit täuschen konnte, während ein vorzügliches Bühnengedicht durch seine schlechte Aufführung von Seiten unfähiger Darsteller wirkungslos bleiben mußte. Genau betrachtet müssen wir hieraus erkennen, daß der eigentliche Kunstantheil bei Theateraufführungen lediglich den Darstellern zugesprochen werden muß, während der Verfasser des Stückes zu der eigentlichen „Kunst" nur so weit in Beziehung steht, als er die von ihm im Voraus berechnete Wirkung der mimischen Darstellung für die Gestaltung seines Gedichtes vor allen Dingen verwerthet hat. Darin, daß es in Wahrheit, und trotz aller etwa ihm eingeredeten Maximen, nur an die Leistung der Schauspieler sich hält und diese für die einzige Wirklichkeit des seiner Apperzeption dargebotenen künstlerischen Vorganges ansieht, bekundet das Publikum noch am besten einen wirklich unverdorbenen Kunstsinn; es spricht hierdurch gewissermaßen aus, was überhaupt der Zweck jeder wahren Kunst ist.

Gehen wir auf das Charakteristische der Leistung eines vorzüglichen Schauspielers näher ein, so erstaunen wir, in ihr die Grundelemente aller und jeder Kunst in der höchsten Mannigfaltigkeit, ja, keiner anderen Kunst erreichbaren Kraft anzutreffen. Was der Plastiker der Natur nachbildet, ahmt dieser der Mime bis zur allerbestimmtesten Täuschung nach, und übt hierdurch eine Macht über die Phantasie des Zuschauers aus, welche ganz derselben gleichkommt, die er wie durch Zauber über sich selbst, seine äußerlichste Person wie über sein innerlichstes Empfinden, ausübt. Der gewaltigen, ja gewaltsamen Wirkung hiervon kann nothwendiger Weise gar keine andere Kunstausübung gleichkommen; denn das Wunderbare ist

hier, daß die Absicht und Annahme eines täuschenden Spieles von
keiner Seite je verläugnet, jede Möglichkeit der Einmischung eines
realen, pathologischen Interesses, welche das Spiel sogleich aufheben
würde, vollständig ausgeschlossen wird, und dennoch die dargestellten
Vorgänge und Handlungen rein erdichteter Personen uns in
dem Maaße erschüttern, wie der Darsteller selbst, bis zur völligen
Aufhebung seiner realen Persönlichkeit, von ihnen erfüllt, ja recht
eigentlich besessen ist. Nach einer Aufführung des König Lear
durch Ludwig Devrient blieb das Berliner Publikum nach dem
Schlusse des letzten Aktes noch eine Zeit lang auf seine Plätze festgebannt versammelt, nicht etwa unter dem sonst üblichen Schreien
und Toben eines enthusiastischen Beifalles, sondern kaum flüsternd,
schweigend, fast regungslos, ungefähr wie durch einen Zauber festgebannt, wider welchen sich zu wehren Keiner die Kraft fühlte,
wogegen es Jeden etwa unbegreiflich dünken mochte, wie er es nun
anfangen sollte, ruhig nach Hause zu gehen und in das Geleis einer
Lebensgewohnheit zurückzutreten, aus welchem er sich undenklich weit
herausgerissen empfand. Unstreitig war hier das höchste Stadium
der Wirkung des Erhabenen erreicht; und der Mime war es,
der dahin erhob, wolle man diesen nun in Ludwig Devrient
oder in Shakspeare selbst erkennen.

Von der Kenntniß solcher Wirkungen ausgehend, sollte es uns
fast unmöglich dünken, bei weiterer Verfolgung unserer Betrach-
tungen über die Wirksamkeit unserer Schauspieler und Sänger auf
den Punkt zu gelangen, wo ihre Kunst uns mit solchem Bedenken
erfüllen könnte, daß wir sie als Kunst gar nicht mehr gelten zu lassen
vermeinen müßten. Und doch muß es uns bei der Wahrnehmung

ihrer gemeintäglichen Wirksamkeit beinahe so vorkommen. Was sich
uns in den gewöhnlichen Theateraufführungen darbietet, zeigt ganz
den Charakter eines sonderbaren, und sogar sehr bedenklichen Ge-
werbes, dessen Betrieb lediglich auf die möglichst günstige Zurschau-
stellung der Person des Schauspielers gerichtet zu sein scheint. Die,
einerseits ästhetisch erfreuende, andererseits zur erhabensten Wirkung
führende Täuschung über die Person des Schauspielers, erkennen
wir hier sofort als aus der Absicht des Darstellers ausgeschlossen,
und ein wirklich schamloser Misbrauch der eigenthümlichen Hilfsmittel seiner Kunst ist es, durch welchen der Schauspieler jene Täuschung in Wahrheit aufzuheben, und ihre Wirkung dagegen auf die
Empfehlung seiner Person hinzuleiten bemüht ist. Wie es möglich
geworden ist, die Tendenz der theatralischen Kunst in dieser Weise zu
entstellen, und die hieraus hervorgegangene Gattung öffentlicher
Unterhaltung an die Stelle derjenigen zu setzen, welcher seine Ausbildung dem Gefallen an der dramatischen Täuschung verdankte,
um dieß zu erklären, müssen wir nothwendig einen Blick auf das
Wesen aller modernen Kunst im Allgemeinen werfen. —

— Die Kunst hört, genau genommen, von da an Kunst zu sein
auf, wo sie als Kunst in unser reflektirendes Bewußtsein tritt. Daß
der Künstler das Rechte thue, ohne es zu wissen, dieß erkannte der
hellenische Geist dann, als ihm selbst die schaffende Kraft verloren
gegangen war. Von wahrhaft rührender Belehrung ist es zu sehen,
wie die Wiedergeburt der Künste bei den neueren Völkern aus dem
Widerstreite der populären Naturanlagen gegen das überkommene
Dogma der antiken Kritik hervorging. So beobachten wir, daß der
Schauspieler eher da war, als der Dichter, welcher ihm Stücke schrieb.
Sollte dieser nun nach dem klassischen Schema verfahren, oder nach
dem Gehalte und der Form der Improvisationen jener Schauspieler?
In Spanien entsagte der große Lope de Vega dem Ruhme, ein
klassischer Kunstdichter zu sein, und schuf uns das moderne Drama,
in welchem Shakespeare zum größten Dichter aller Zeiten gedieh.

Wie schwer es dem kritischen Verstande dünken mußte, dieses einzige und wahrhafte, als solches aber kaum sich aussprechende Kunstwerk zu begreifen, ersehen wir sofort an der angelegentlichen Zersetzung desselben durch die antikisirenden Gegenversuche von sogenannten Kunstdichtern. Vollständig behaupteten diese das Feld in Frankreich; hier ward das Drama akademisch zugeschnitten, und die Regeln traten nun auch sofort in die Schauspielkunst ein. Bei dieser war es offenbar jetzt immer weniger auf jene erhabene Täuschung, welche wir als den Grundzug namentlich auch der theatralischen Kunst erkennen müssen, abgesehen; sondern zu jeder Zeit wollte man sich deutlich dessen bewußt bleiben, daß es sich hier um eine „Kunst", um eine „Kunstleistung" handele. Diese Stimmung aufrecht zu erhalten, fiel weniger noch dem Dichter, als in erster Linie dem Schauspieler zur Pflicht: wie dieser Acteur spiele, wie er diesen oder jenen Charakter auffasse, mit welcher Kunst er hierfür die ihm eigenen Naturgaben verwendete, oder die ihm fehlenden zu ersetzen verstehe, dieß zu untersuchen ward nun die Angelegenheit des kunstsinnigen Publikums.

Eine Reaktion gegen diese Tendenz sehen wir wiederholt bei freisinnig entwickelten Nationen aufkommen. Als die Stuart's nach England zurückkehrten, brachten sie die französische „Tragédie" und „Comédie" mit: das „regelmäßige" Theater, welches sie hierfür gründeten, fand aber unter den Engländern keine geeigneten Schauspieler, und vermochte sich nicht zu erhalten; wogegen die unter der Herrschaft der Puritaner zerstreuten Schauspieler der älteren Zeit, in mühsam gesammelten und hochgealterten Überresten sich zusammenfanden, um endlich einem Garrick den Boden zu bereiten, aus welchem dießmal der Schauspieler allein der Welt wieder die Wunder der wahrhaften dramatischen Kunst offenbarte, indem er ihr in dem von ihm wiedererweckten Shakespeare den größten Dichter rettete. —

Eine gleiche Glorie schien den Deutschen aufgehen zu sollen, als dem eigenthümlichsten Boden der theatralischen Kunst endlich eine Sophie Schröder, ein Ludwig Devrient entwuchsen. — Ich habe in einer ausführlicheren Abhandlung über „deutsche Kunst und deutsche Politik" die von außen her wirkenden Ursachen des, nach kaum erreichtem Blüthenansatze so schnell eintretenden Verfalles auch des Theaters in Deutschland nachzuweisen versucht, und darf dafür hier mich mehr auf die inneren Gründe der gleichen Erscheinung beziehen. In den zuletzt genannten beiden großen Schauspielern dürfte man leicht eben nur zwei wirkliche Genie's erkennen, wie sie auf dem Gebiete jeder Kunst selten zum Vorschein kommen: immerhin bleibt aber an dem Charakter der Ausübung ihrer Kunst Etwas erkenntlich, was nicht der besonderen Begabung der Individuen allein, sondern dem Charakter ihrer Kunst selbst angehört. Dieses Etwas muß zu ergründen und aus seiner Erkenntniß ein Urtheil zu gewinnen sein. Der Zustand von Entrücktheit, in welchen nach jener Aufführung des Lear das Berliner Publikum gerathen war, entsprach gewiß sehr wesentlich dem Zustande, in welchen der große Mime an diesem Abende versetzt blieb; für Beide war der Schauspieler Devrient ebensowenig als das Berliner Theaterpublikum vorhanden; eine gegenseitige Selbstentäußerung war vor sich gegangen. Diese Wahrnehmung möge für den entgegengesetzten Fall uns nun darüber belehren, welches der Grund aller, von uns als so widerwärtig empfundenen, Hohlheit des theatralischen Wesens ist: wir erkennen ihn ganz deutlich, wenn wir während und am Schlusse einer Theateraufführung den üblichen, wärmelosen und nur lärmenden Bezeigungen des Beifalles von Seiten des Publikums, sowie den diesen entsprechenden des erheuchelten Dankes von Seiten der Schauspieler anwohnen. Hier bleibt das Theaterpublikum sich als solchen ganz ebenso selbst bewußt, wie der Schauspieler von dem deutlichen Gefühle seiner eigenen Persönlichkeit, ganz wie außerhalb des Theaters, eingenommen bleibt. Was zwischen Beiden verhandelt wird, die vorgebliche dramatische Täuschung, wird zur reinen Übereinkunft, auf deren Grundlage hin man sich einbildet, eine „Kunst" auszuüben oder zu beurtheilen.

Nach meiner Kenntniß ist diese Konvention zuerst in Frankreich systematisch ausgebildet worden. Sie hat ihren Ursprung in dem Aufkommen der sogenannten „neueren attischen Komödie", von welcher aus sich das lateinische Theater, durch alle Zeiten und Völker lateinischer Herkunft oder Mischung, nach dem Begriffe der „Kunstkomödie", weiter bildete. Hier sitzt der Kunstkenner vor der Bühne, auf welcher der Acteur „seine Rolle gut zu spielen" sich angelegen sein läßt: ob ihm dieß gelang, wird ihm durch konventionelle Zeichen des Beifalles oder Misfallens kundgegeben; von diesen hängt der Glücksstand des Mimen ab, und was man endlich unter „Komödiespielen" zu begreifen hat, darf man nicht gering anschlagen, wenn man erwägt, daß der göttliche Augustus selbst auf seinem Sterbelager sich für einen guten Komödianten gehalten wissen wollte.

Offenbar haben es die Franzosen in dieser Kunst am allerweitesten gebracht, ja sie ist die eigentliche französische Kunst überhaupt geworden; denn eben auch ihre dramatischen Schriftsteller sind nur aus den Maximen dieser Komödienkunst zu begreifen, worauf denn zugleich die vollendete Sicherheit ihrer Arbeiten beruht, in welchen der ganze Plan, wie der kleinste Zug seiner Ausführung, nach denselben Normen erfunden und gemodelt ist, nach denen der Acteur auf der Bühne sich den Beifall des Publikums für seine besondere Kunstleistung zu gewinnen hat. Erklärlich wird es uns hieraus wiederum, warum diese sichersten theatralischen Künstler der Welt, für welche wir die Franzosen unstreitig halten müssen, sofort gänzlich aus der Fassung gebracht werden, wenn sie ein Stück spielen sollen, welches nicht auf jene Konvention verfaßt ist. Jeder Versuch, Shakespeare, Schiller und selbst Calderon durch französische Schauspieler aufführen zu lassen, mußte stets scheitern, und nur das

Misverständniß des Charakters dieser anderen Dramatik konnte einen grotesken Genre bei ihnen hervorrufen, in welchem die Natur durch Überbietung sofort wieder zur Unnatur ward. Es blieb fort=gesetzt dabei, daß im Theater es sich um die Kunst des Komödie=spielens handele, d. h. der Schauspieler mußte sich stets bewußt bleiben, daß er für das Publikum spiele, welches eben an dieser seiner Kunst des Spieles mit der Verkleidung in jeder Beziehung sein reizvolles Gefallen suchte.

Wie übel diese gleiche Kunst sich unter den Deutschen aus=nehmen mußte, bleibt wohl leicht zu begreifen. Im Ganzen kann man sagen: es werde hier wie dort Komödie gespielt, nur spielen die Franzosen gut, die Deutschen aber schlecht. Für das Vergnügen daran, Jemand g u t Komödie spielen zu sehen, vergiebt diesem der Franzose Alles: von Louis XIV. hegt man in Frankreich trotz der klarsten Einsicht in die gänzliche Hohlheit der von ihm gespielten Rolle, noch immer eine wirklich stolze Meinung, einzig aus unzerstör=barem Gefallen daran, daß er diese Rolle meisterhaft gespielt hat.

Ist man gesonnen, hierin künstlerischen Geist zu erkennen, so ist dagegen nicht zu verkennen, daß dieser Kunstsinn dem Deutschen nicht zu eigen sei. Einem deutschen Louis XIV. als Monarchen gegenüber würde unser politisches Publikum sich etwa so verhalten, wie unsere guten Bürger im Theater vor dem Spiele eines Schau=spielers, welchen sie im Ernst für den Helden halten sollten, für den er sich ausgiebt; denn diese Zumuthung würden sie sich trotz aller Gegenversicherung gestellt glauben, während vom geschulten Zu=schauer in Wahrheit eben nur verlangt wird, er solle den vorge=stellten Helden über die Kunst des so vortrefflich ihn spielenden Schau=spielers vergessen. Und diese Zumuthung ist es wirklich, welche nach der französischen Konvention jetzt Demjenigen gestellt wird, der, wie der deutsche Zuschauer, ohne anerzogenen Kunstsinn im Theater eine wirkliche Erregung sucht, wie sie nur durch jene Täuschung bewirkt werden kann, durch welche die künstlerische Person des Schauspielers sich gänzlich aufhebt, um einzig das dargestellte Individuum für die Wahrnehmung zurückzulassen. Statt der höchst seltenen Fälle, in welchen diese erhabene Täuschung durch wahrhaft geniale Darsteller gelingen kann, wird dem deutschen Publikum nun aber tagtäglich Theater, und zwar eben „Theater überhaupt“, vorgeführt, und hierzu werden die für diesen Fall unerläßlichen Hilfsmittel der theatralischen Konvention der Franzosen in Anwendung gebracht.

Wäre es nun dem Deutschen möglich, so vortrefflich Komödie zu spielen, wie der Franzose es kann, so würde es sich immer noch fragen, ob er andererseits als Zuschauer diese Kunst so zu würdigen im Stande sei, wie es das französische Publikum ist. Allein, zu dieser Erforschung kann es aus dem einfachen Grunde, daß uns niemals in jener Weise Komödie vorgespielt wird, gar nicht kommen. Das, was wir mit Bezug auf die Ausbildung von Kunstfähigkeit in der modernen Welt Talent nennen, ist dem Deutschen im allerspärlichsten Grade, ja fast gar nicht zu eigen, wogegen es als natürliche Begabung den lateinischen Völkern, als entsprechende Befähigung zur Geltendmachung der ihm eingeimpften Kulturtendenzen aber dem französischen Volke in größter Ausbreitung angehört. Ob dem Deutschen eine gleiche Begabung innewohne, würde sich erst dann zeigen können, wenn er sich von einer ganz ihm eigenen und seinem wahren Wesen entsprechenden Kultur umgeben sähe; denn, im Grunde genommen, können wir unter Talent nichts anderes verstehen, als die von natürlicher Befähigung getragene starke Neigung zur Aneignung vorzüglicher Fertigkeiten im praktischen Befassen mit vorgefundenen künstlerischen Formbildungen. So konnte die bildende Kunst der Griechen während langer Jahrhunderte durch dieses Talent einzig gepflegt werden, wie noch heut’ zu Tage die künstliche Kultur der Franzosen, während sie bereits in ihrem unaufhaltbaren Verfalle begriffen ist, durch dieses Talent immer noch aufrecht erhalten wird. Jene Kultur geht uns Deutschen aber eben ab, und was wir dafür besitzen, ist nur das Zerrbild einer nicht aus unserem Wesen erwachsenen, von uns in Wahrheit nie eigentlich begriffenen Kultur, wie wir sie denn auch hier in der Ausbildung unseres Theaters vor uns sehen, für welches wir daher sehr natürlich auch kein Talent haben können.

Um uns hiervon zu überzeugen, besuchen wir nur die erste beste der sich uns darbietenden Theateraufführungen. Mögen wir hier auf das erhabenste Produkt der dramatischen Dichtkunst, oder auf das trivialste Elaborat eines Übersetzers a u s , oder „freien" Bearbeiters n a c h dem Französischen treffen, stets erkennen wir sofort das Eine: die Sucht Komödie zu spielen, in welcher Shakespeare so gut wie Scribe zu Grunde geht und vor unseren Augen sich in einen lächerlichen Travestirungsapparat auflöst. Wenn der gute französische Acteur allerdings stets die Wirkung seiner Deklamation sowie seiner Haltung, seines ganzen Benehmens, auf den Zuschauer im Auge behält, und nie dem darzustellenden Charakter zu lieb etwa in einem dem Publikum misfälligen Lichte sich zu zeigen verleitet werden kann, — so glaubt der deutsche Schauspieler vor Allem darauf bedacht sein zu müssen, wie diese so glückliche Gelegenheit, dem Publikum als dessen Vertrauten sich günstig zu empfehlen, auf das für ihn Vortheilhafteste auszubeuten wäre. Hat er in Affekt zu gerathen, oder etwas sehr Kluges auszusprechen, so wendet er sich dafür ganz besonders an das Publikum, und wirft ihm die Blicke zu, welche ihm zu beredt dünken, um an seinen Mitspieler verschwendet zu werden. Hierin liegt ein Hauptzug unseres Theaterhelden: er arbeitet immer unmittelbar für das Publikum und vergißt seine Rolle hierbei so weit, daß er nach einem Hauptkorrespondenzakte dieser Art oft ganz den Ton verliert, mit welchem er zu seinem Mitspieler gewandt fortzufahren hat. Von G a r r i c k wird erzählt, daß er in Monologen mit weit offenem Auge Niemand sah, nur zu sich allein sprach, das Universum vergaß. Ich sah und hörte dagegen einen unserer allerberühmtesten Schauspieler den

Selbstmord-Monolog des „Hamlet" dem Publikum mit so leidenschaftlicher Vertrautheit expliziren, daß er hiervon heiser ward
und im Schweiße gebadet die Bühne verließ. Unter der nie ihn
verlassenden Sorge, auf den Zuschauer stets einen bedeutenden persönlichen Eindruck zu machen, sei es als liebenswürdiger Mensch
oder auch als „denkender Künstler", pflegt er unausgesetzt ein
hierauf bezügliches Mienenspiel, wobei ihn der Charakter seiner
Rolle in Allem genirt, was dem zuwider ist. Ich sah eine ge-
feierte Heldendarstellerin unserer Tage in der für sie peinlichen
Lage, die Regentin „Margareta" im „Egmont" spielen zu müssen;
der Charakter dieser staatsklugen, dabei schwachen und ängstlichen
Frau taugte ihr nicht: sie zeigte sich von Anfang bis zu Ende in
heroischer Wuth, und vergaß sich so weit, Macchiavell als einen Ver-
räther zu bedrohen, was dieser schicklicher Weise wiederum ohne alle
Kränkung dahin nahm.

Eine persönliche Eitelkeit, welcher es an jeder Befähigung zur
künstlerischen Täuschung über ihre Zwecke gebricht, läßt unsere
Mimen daher im Lichte völliger Stupidität erscheinen: der Ballet-
tänzerin, ja selbst der Gesangsvirtuosin mag es nachgesehen werden,
wenn sie nach dem glücklich vollbrachten Kunststücke sich mit mög-
lichster Grazie an das Publikum wendet, wie um zu fragen, ob sie
es gut gemacht hätte; denn in einem gewissen Sinne bleibt sie hierbei in ihrer Rolle: wogegen der eigentliche Schauspieler, dem ein
individueller Charakter zur Darstellung übergeben ist, diesen Charakter mit seiner ganzen Rolle zu jener Frage an das Publikum
herzurichten hat, was ihn, ruhig betrachtet, vom Anfang bis zum
Ende seiner Leistung als ein unsinniges, lächerliches Wesen
erscheinen lassen muß.

Wie der Franzose vor Allem die Gesellschaft und die Unterhaltung liebt, um in ihr, im steten Widerspiele mit Anderen, sich
gewissermaßen erst seiner bewußt zu werden, so bildet sich auch seine
so bedeutende mimische Sicherheit, ja seine richtige Darstellung seiner

Rolle erst im sogenannten Ensemblespiele heraus. Eine französische Theateraufführung erscheint wie die äußerst geglückte Konversation an einem gegenseitig wechselnden Interesse lebhaft betheiligter Personen: daher die große Genauigkeit, welche hier auf das Einstudiren dieses Ensemble's verwendet wird; nichts darf die zur Täuschung erhobene künstlerische Konvention aufheben; das geringste Glied des Ganzen muß für die ihm zufallende Aufgabe ganz so geeignet sein, wie der erste Acteur der Situation, welcher sogleich aus seiner Rolle herausfallen würde, wenn sein Gegner der seinigen sich nicht gewachsen zeigte. Vor diesem Mißgeschicke ist nun der deutsche Schauspieler bewahrt: er kann nie aus seiner Rolle herausfallen, weil er nie darinnen ist. Er ist in einem beständigen monologischen Verkehre mit dem Publikum, und seine ganze Rolle wird ihm zum „a parte".

Die Tendenz dieses Aparte giebt über die sonderbare Beschaffenheit des deutschen Schauspielwesens den geeignetsten Aufschluß. In der Vorliebe dafür und in dem beständigen Trachten darnach, Alles, was er zu sagen hat, möglichst als ein solches „Beiseitesagen" zu verwenden, läßt er deutlich erkennen, wie er sich für seine Person aus der üblen Situation, in welche ihn die Zumuthung gut Komödie zu spielen bringt, zu retten suche, und dabei noch ein gewisses Aussehen von Darüberstehen über der ganzen schlimmen Lage sich zuzulegen bemüht sei.

Sehr belehrend ist es zu ersehen, wie diese eigenthümliche Neigung zum „a parte" unseren Theaterdichtern ihren besonderen Styl, namentlich für die Tragödie, eingegeben hat. Man nehme z. B. Hebbel's „Nibelungen" zur Hand. Dieses mehrtheilige Stück macht uns sofort den Eindruck einer Parodie des Nibelungenliedes, ungefähr in der Weise der Blumauer'schen Travestie der „Aeneide". Der gebildete moderne Litterat scheint hier offenbar die ihm so dünkende Groteske des mittelalterlichen Gedichtes durch lächerliche Überbietungen zu verhöhnen: seine Helden gehen hinter die Coulisse,

verrichten dort eine monströse Heldenthat, und kommen dann auf die
Bühne zurück, um im geringschätzigen Tone, wie etwa Herr von
Münchhausen über seine Abenteuer, darüber zu berichten. Da hier
alle mitsprechenden Helden auf den gleichen Ton eingehen, somit
sich gegenseitig eigentlich verhöhnen, ersieht man, daß diese Schilde=
rungen und Reden alle nur an das Publikum gerichtet sind, wie als
ob Jeder diesem sagen wollte, das Ganze sei doch nur eine Lumperei,
worunter dann ebensowohl die Nibelungen, als das deutsche Theater
zu verstehen wären. Und in Wahrheit würde hiermit das ganze
Vorgeben unserer „Modernen", sowohl mit der Heldensage als dem
Theater sich zu beschäftigen, als ein zu bewitzelndes Unternehmen
anzusehen sein, welches zu ironisiren dem wohlanständigen Poeten
sowohl, wie den von ihm bedachten Mimen in der Ausübung ihrer
Kunst, nicht deutlich genug angemerkt werden könne. Man dürfte
sich die sonderbare Stellung, in welche wir auf diese Weise zu uns,
zu unserem Vorgeben, gerathen sind, recht gut durch die Scene
in Shakespeare's „Sommernachtstraum" verdeutlichen, wo die sich
gut dünkenden Schauspieler von schlechten Komödianten sich den
heroischen Liebesroman von „Pyramus und Tisbe" vorspielen
lassen: hierüber ergetzen sie sich und machen tausend witzige Bemer=
kungen, welche den gebildeten vornehmen Herren, die sie selbst zu
repräsentiren haben, sehr gut anstehen. Nun stelle man sich aber
vor, daß diese witzelnden Herren eben selbst Schauspieler sind, und
als solche an der Darstellung von „Pyramus und Tisbe" ungefähr
in der Art mit theilnehmen, wie der Theaterdichter der „Nibelungen"
und seine Darsteller es im Betreff dieses alten Heldengedichtes thun,
so wird bald ein Bild der allerwiderwärtigsten Art vor uns stehen.
In Wahrheit ist dieses aber das des modernen deutschen Theaters.
Denn, näher betrachtet, wird hier wiederum das Eine unverkennbar,
daß in Wirklichkeit Niemand dabei Scherz zu treiben, sondern die
Sache vollkommen ernstlich zu nehmen vermeint. Der Dichter hört
keinen Augenblick auf, sich als Weltweiser zu gebärden und als

solchen sich durch seine Schauspieler, denen er die tiefsinnigsten Deu-
tungen der Handlung mitten im Laufe derselben in den Mund zu
legen sich bemüht, vertreten zu lassen. Die hieraus entstehende
Mischung ist nun aber außerdem auf die Hervorbringung des
äußersten theatralischen Effektes berechnet, und hierfür wird nichts
unbeachtet gelassen, was die neuere französische Schule, namentlich
durch Victor Hugo, auf das Theater gebracht hat. Wenn der
revolutionäre Franzose, in seiner Empörung gegen die Satzungen
der Akadémie und der klassischen Tragédie, alles Das, was diese ver-
pönten, mit kecker Absicht hervorzog und an das grelle Tageslicht
setzte, so hatte dieß einen Sinn; und mochte es, sowohl für die Konstruktion der Stücke wie den sprachlichen Ausdruck, zu einer tief un-
wohlthätigen Exzentrizität führen, so bot dieses Verfahren als ein
kulturhistorischer Racheakt ein lehrreiches und nicht uninteressantes
Schauspiel, da namentlich auch hierin immer das unbestreitbare
Talent der Franzosen für das Theater sich aussprach. Wie nehmen
sich aber nun z. B. die „Burggrafen" V. Hugo's auf den Text des
Nibelungenliedes in das Deutsche übersetzt aus? Gewiß so un-
fläthig, daß dem Poeten wie dem Schauspieler die Neigung zur
Selbstverspottung recht verzeihlich erscheint. Das Schlimme ist
eben nur, daß dieß Alles doch wiederum für Ernst, nicht nur aus-
gegeben, sondern auch angenommen, und als solcher von jeder
Seite her gut geheißen wird. Unsere Schauspieler sehen von ihren
Intendanzen solche Stücke ebenso als baare Münze aufgenommen,
wie es den sonderbar ironischen Unfläthereien unserer in das Große
arbeitenden Historienmaler von den Kunstprotektoren geschieht: es
wird, wie unerläßlich, Musik dazu gemacht, und nun muß der Mime
daran gehen zu sehen, wie weit er es in seinen abgeschmacktesten
Manieren etwa noch bringen könne.

Auf der Grundlage einer Verderbniß der theatralischen
Kunst, wie ich sie durch einige Charakterzüge derselben dem
Beobachter kenntlich zu machen versuchte, hat sich nun ein vollkommen organisches Verhältniß gebildet, welches wir unter den Begriff heutiges Theaterwesen fassen können. In diesem ist
es zur Anerkennung eines Schauspieler=Standes gekommen,
durch dessen Bezeichnung als solchen wir sofort daran gemahnt
werden, daß wir es hier nicht wohl mit einer Organisation der flüch-
tigsten aller Kunstausübungen, sondern mit einer Vorkehrung zur
Wahrung der bürgerlichen Interessen aller Derjenigen, welche durch
die mimische Kunst sich ihren Lebensunterhalt gewinnen wollen, zu
thun haben. Ihnen bleibt etwas Eximirtes immer zu eigen, ungefähr wie unseren Söhnen, so lange sie die Universität besuchen und
als Studenten die bürgerliche Gesellschaft in steter Wachsamkeit und
einiger Unruhe zu erhalten pflegen, was jenen wieder zu einer
freieren Haltung gegenüber dieser gesteigerte Veranlassung geben
kann. Ähnlich, wie unsere Studenten, sind die Schauspieler einem
gewissen „Comment" unterworfen, welcher wiederum den vornehmen Intendanten es ermöglicht, in seriöse Beziehungen zu ihnen
zu treten. Wenn bereits Goethe der Meinung war, daß zu Zeiten
„ein Komödiant einen Pfarrer lehren" könnte, so dürfen wir uns
nicht wundern, daß heut' zu Tage fast unsere ganze elegantere
Bürgerwelt sich nach den Lehren der theatralischen Gefälligkeit und
Anständigkeit geformt hat. Wir möchten auch hierin gern den Franzosen es gleich thun, bei welchen der Schauspieler im Ministerrathe
wie in der Portierloge von dem auf der Bühne nicht mehr zu unter-
scheiden ist. Wären unsere Schauspieler für das wahre deutsche Wesen
Das, was jene für das französische sind, so ließe sich von einer Belehrung durch sie für unsere bürgerliche Gesellschaft vielleicht Etwas
erwarten: da wir ihnen nothwendig aber das eigentliche Talent für
das Theater absprechen müssen, so ergiebt sich aus der Berührung
ihrer durchaus nur affektirten theatralischen Bildung mit unserem

bürgerlichen Wesen bloß die Förderung der gleichen mislichen Anlagen für gefälliges Benehmen, welche sie zu einer ganz falschen,
durchaus undeutschen theatralischen Kunst anleiten. Der Schauspielerstand, mit seinen „Helden-" „Intriganten-" „zärtlichen
Väter-" und „Anstands"-Fächern, bleibt uns durchweg unheimlich
fremd, und kein wirklicher Vater entschließt sich so leicht, seine Tochter
einem „tragischen Liebhaber" zu geben. Trotz der immer wachsen-
den Verbreitung des Theaterwesens über Deutschland, bleibt die
Beobachtung des Schauspielerstandes von Seiten der bürgerlichen
Welt immer nur mit Kopfschütteln und philisterhafter Verwunderung begleitet, während die Neigung, in seinen Umgang sich zu
mischen, nur gewissen frivolen Kreisen der unbürgerlichen Gesellschaft zu eigen ist.

Hierüber, und über die Wendung, welche es mit dem Schau-
spielerstande nehmen müsse, wenn das rechte Heil für das
Theater aus ihm hervorgehen solle, sind meiner unmittelbaren
Lebenserfahrung zwei durchaus entgegengesetzte Ansichten auf-
gestoßen. Diese gingen von zwei Männern aus, welche zu ihrer
Zeit berufen wurden, ein Theater zu leiten.

Karl von Holtei erklärte unumwunden, mit einer sogenannten soliden Schauspielergesellschaft nichts anzufangen zu
wissen: seitdem das Theater in die gewissen Bahnen der bürgerlichen
Wohlanständigkeit geleitet sei, habe es seine wahre Tendenz verloren, welche er am ehesten noch mit einer herumziehenden Komö-
diantenbande durchzuführen sich getraue. Für diese seine Meinung
stand der gewiß nicht geistlose Mann ein, und wandte dem Theater,
das seiner Führung anvertraut war und an welchem er, trotz
mehrerer glücklicher Ansätze zum Gelingen, schließlich dennoch der
Durchführung seiner Tendenz entsagen mußte, den Rücken.

Im schroffsten Gegensatze zu der Ansicht dieses Mannes zeigte
sich aber Eduard Devrient, welcher für den Schauspielerstand
Erhebung zu staatsbürgerlichem Range ansprechen zu müssen

2

glaubte. Hiermit wollte er dem Theater vor allen Dingen die Würde gewahrt wissen, von welcher aus, wenn sie einmal durch ein Staatsgesetz dekretirt wäre, das übrige Verhalten der im Theater wirksamen Faktoren durch weitere gute Zucht sich von selbst ergeben würde. Gewiß stand es dem gelehrten, aber nicht talentvollen Schauspieler gut an, dem verwahrlosten Theaterwesen vor allen Dingen eine Tendenz eingeprägt sehen zu wollen, unter deren veredelndem Einflusse durch Schule und Bildung das an natürlicher Begabung Fehlende erträglich zu ersetzen sein möchte. Ihm ward zur Durchführung seiner Ansicht von einem tief ernstlich wohlgesinnten Fürsten ein in vollkommenster Wohlanständigkeit geordnetes Theater übergeben. Die Erfolge seiner Bemühungen sind leider jedoch so durchaus nichtig ausgefallen, daß dasselbe Theater, von dessen Leitung Devrient endlich zurücktrat, gegenwärtig, wie zu vermuthen steht, unter dem Einflusse einer hiergegen entstandenen mißmüthigen Gleichgiltigkeit, den Maximen der gemeinen Verwaltungsweise wieder übergeben worden ist*).

Es muß nun belehrend dünken, dem eigentlichen Grunde zweier so sehr verschieden sich kundgebender Tendenzen, wie der Holtei's und Devrient's, nachzuforschen. Offenbar zeigt es sich dann, daß Das, was jedem von ihnen als Gespenst vorschwebte, das mimische Genie sei. Holtei suchte es auf den wilden Wegen seiner dunklen Abkunft auf, und zeigte sich hierin genial; Devrient, mißtrauisch und vorsichtig, vermeinte dagegen sicherer zu verfahren, wenn er auf Mittel sänne, wie jenes „Genie" zu ersetzen sei, von dem als Gespenst er genug zu leiden gehabt hatte. Der Letztere erkannte, daß auf dem Holtei'schen Wege selbst kaum die gemeine Lüderlichkeit, gewiß

---

*) Ganz neuerdings erfahre ich jedoch, daß ein Litterat zur Leitung dieses Theaters berufen ist; welche Wendung zwar nicht mehr sehr neu, unter Umständen aber immerhin interessant ist, zumal da mir versichert wird, daß man dießmal an die Einholung von Reichsbefehlen für die Besserung des Theaters denkt.

aber nicht die geniale Urproduktivität des Komödiantenwesens zu gewinnen sein würde; wogegen es ihm aufgegangen war, daß gerade die naturwüchsigsten Bildner des deutschen Schauspielwesens, wie er dieß an Eckhoff, Schröder und Iffland nachweisen konnte, nach bürgerlichen Begriffen solide, ja streng sittliche Menschen gewesen seien. Ein den Leistungen dieser Ahnen entnommenes Maaß als das der Begabung des Deutschen einzig entsprechende Maaß überhaupt festzuhalten, und nach diesem Maaße zu bilden und zu regeln, durfte ihm als die dem deutschen Theater heilsamste Maxime erscheinen. Leider ging ihm endlich das von Holtei aufgesuchte Genie nur noch in der Gestalt des n.odernen Theatervirtuosen auf; diesen als störendes Wesen sich fern zu halten, mochte ihm unerläßlich dünken: doch scheint ihn sein Eifer hierbei verleitet zu haben, endlich alles ihm störend Vorkommende überhaupt sich fern zu halten, und ich glaube, daß er hierfür alle auf seine Theaterleitung verwandte Mühe einzig vergeudete, indem er in diesem Fernhalten möglicher Erschütterungen seiner Grundsätze sich gänzlich verlor. Jedoch fragen wir, woher sollte einem mitten im heutigen Theaterwesen Aufgewachsenen das Urtheil kommen, durch welches er ihm fremdartige Erscheinungen richtig erkannt hätte? Nothwendig hätte diesem Manne der Blick des Genie's selbst zu eigen sein müssen, desselben Genie's, an welches er nicht glaubte, weil er es nur als Gespenst kannte. Natürlich konnte hier Alles nur in Eigensinn ausarten, und die staatsbürgerliche Würde mußte endlich für ein Institut von absolutester Unproduktivität und Langweiligkeit in seinen Leistungen erfolglos angerufen bleiben. —

Verschiedene andere Versuche, dem Theaterwesen in irgend einem Sinne fördernd beizukommen, führten in verzweifelten Fällen zu einer Mischung der beiden zuvor bezeichneten divergirenden Tendenzen: dem alten Wiener Hofburg-Theater ging auf diesem Wege der letzte Nimbus seiner ehemaligen, auf eine gewisse bürger-

lich konventionelle Biederkeit im Schauspielwesen begründeten,
Tüchtigkeit seiner Leistungen verloren. Da nun einmal immer ein-
studirt und abgerichtet werden mußte, namentlich wenn Litteraten
sich in das Theater mischten, so ging es hier auf die französische Ge-
wandtheit los, welche uns so offenbar abging, wie jeder dieß erkennen
mußte, sobald er sich einmal in Paris das Theaterspielen angesehen
hatte: dabei streifte man auch wieder vom Devrient'schen an das
Holtei'sche Prinzip heran, und das Theater durfte auf diese Weise
sich etwa in der Sphäre des Amüsanten erhalten. Hier arbeitete
man sich bis zu der Verwunderung darüber hinauf, daß Leute für das
Theater schreiben wollten, welche gar nichts vom Komödiespielen
verstünden: daß dieses andererseits sehr schnell und gehörig zu erlernen sei, das glaubte man ja eben selbst zu beweisen, indem aus
einem dem Verderben zuneigenden Litteraten so leicht ein tüchtiger
Komödiantenchef geworden war, — was wiederum Anderen, z. B.
den Herren Gutzkow und Bodenstett', doch nicht gelingen
wollte.

Mochte es nun der Litterat, oder der Schauspieler selbst sein,
welchem die Leitung des Theaters übergeben wurde, immer ging
man von der Meinung aus, daß hier etwas zu lehren und wohl
auch zu erlernen sei, demnach es sich einzig darum handelte, wer der
Lehrer sein sollte, der Schauspieler oder der Litterat? Selbst dem Be-
sonnensten mußte diese Meinung richtig dünken, wenn er, namentlich
im Vergleiche mit anderen Nationen, dem Deutschen im Allgemeinen
das Talent für das Theater absprechen zu müssen glaubte.

Wie hätte noch Friedrich der Große sich verwundern müssen,
wenn ihm sein Hofintendant eines Tages die Errichtung eines deutschen Theaters vorgeschlagen haben würde! Französische Comédie und
italienische Oper waren die einzige Form, unter der man damals
Theater überhaupt begreifen konnte, und es steht nun sehr zu befürchten, daß, wenn der große König heute plötzlich wieder in seine
Berliner Hoftheater träte, er sich von den Herrlichkeiten des seitdem

gewonnenen deutschen Theaters mit dem Unwillen abwenden
würde, als ob man sich einen üblen Scherz mit ihm er-
laube. Bei der Festhaltung dieser Fiktion wäre es dagegen interessant, den Eindruck auf denselben großen Friedrich sich vorzustellen, welchen etwa jene Aufführung des „König Lear" durch
Ludwig Devrient auf ihn hervorgebracht haben möchte: — vermuthlich ein Staunen wie über einen Weltuntergang! Unmöglich
wäre jedoch wohl dem Genie das Genie unerkenntlich geblieben.

Von ihm, von dem Genie, können wir jedenfalls einzig auch die
Rettung unseres Theaters erwarten. Wir finden es nicht, wenn
wir es suchen; denn wir suchen es im Talent, wo es für uns
Deutsche jetzt eben nicht vorhanden sein kann: es ist nur zu erkennen, wenn es sich ganz unerwartet zeigt, und hierfür unseren
Blick zu schärfen, ist das Einzige, was wir durch Bildung unserer-
seits für seine Erscheinung bereit halten können. Und hierfür, da
wir durch den Kulturgang unserer Geschichte einzig zur Bewährung
unserer, in ihrer natürlichen Entwickelung so sehr gehemmten Naturanlagen, durch ernste, freimüthige Bildung angewiesen sind, haben
wir auf eben diesem Wege mit rücksichtsloser Wahrhaftigkeit
zunächst der Beschaffenheit unseres Urtheiles uns bewußt zu werden;
etwa so wie Kant auf dem Wege der Kritik des Denkens
selbst uns das Licht für die richtige Erkenntniß der Dinge an-
gezündet hat. —

Erkennen wir nun unſer Theater im richtigen Lichte, ſo muß es ſich alsbald auch erklären, warum wir kein Talent zu der hier ausgeübten Kunſt haben: nämlich, weil die ganze Kunſt, wie ſie bei uns ausgeübt wird, unſerer Eigenart nicht entſpricht, ſondern aus uns fremdartigen Elementen beſteht, welche wir uns nicht anders anzueignen vermögen, als indem wir uns ihnen ebenſo, nur anzupaſſen verſuchen, wie wir unſere Geſtalt und Körperhaltung der franzöſiſchen Modetracht anzupaſſen uns bemühen. Was den Franzoſen zur zweiten Natur geworden iſt, wird bei uns zur Unnatur. Wie in unſeren Kleidern, ſo treiben wir uns auf unſeren Theatern in einer beſtändigen Maskerade umher, in welcher wir uns für uns ſelbſt endlich unkenntlich geworden ſind. Iſt dieſe Maskerade zu Zeiten durch den wahren Genius der Nation, eben als „Genie“, durchbrochen worden, und müſſen wir uns demnach das ſo ſeltſam lautende Zeugniß geben, daß wir an Talent anderen Nationen durchaus nachſtehen, während einzig als ſeltene Erſcheinung das Genie, und zwar in vollſter Größe, ſich bei uns zeigen konnte, ſo liegt jedoch in dieſer Erkenntniß nicht eingeſchloſſen, daß Das, was wir Talent nennen, uns auf jedem Gebiete fremd ſei: im Gegentheile hat die Wahrnehmung gerade der hierunter verſtandenen Beſchaffenheit geiſtiger Anlagen und Erwerbniſſe auf den uns eigenen Gebieten des Wiſſens und der Kunſt gemeinhin zu dem Ausſpruche bewogen, daß der Deutſche mehr Talent, dagegen z. B. die ſüdlichen Nationen Europa's mehr Genie beſäßen. Noch heute gilt dieſer Ausſpruch vollkommen richtig, wenn mit ihm der Charakter unſerer Leiſtungen in denjenigen Wiſſenſchaften bezeichnet wird, in deren Pflege wir uns noch treu geblieben und nicht durch fremdartiges Effektweſen irre geleitet worden ſind: er bewährt ſich aber am erfreulichſten auch im Bezug auf die Kunſt, wenn wir vorzüglich die bildende Kunſt der Reformationszeit in das Auge faſſen, wo neben wenigen außerordentlichen Genie's, d. h. Erfindern höchſter Art, ein über alle deutſchen Lande hinwirkender Geiſt der beſten und edelſten

Pflege des Erfundenen, durch sinnigste Aneignung desselben in stets neuer Bildung und Umbildung von Seiten des Kunstgewerbes, lebhaft thätig sich zeigt. Halten wir hierzu die reichen Kundgebungen des deutschen Geistes auf dem ihm vollkommen eigen gewordenen Gebiete der Musik, und namentlich der Instrumentalmusik, so dürfen wir zu der, mit den erhebendsten Hoffnungen für alle deutsche Zukunft erfüllenden Annahme schreiten, daß uns nicht nur das Genie in gleich zahlreichen Emanationen, wie den Italienern, zugetheilt ist, sondern daß diese Emanationen kräftigerer und reicherer Art waren, und wir demnach derjenigen Befähigung des Deutschen, durch welche die in Zeit und Raum getrennt auftretenden Erscheinungen des Genie's vermöge der mannigfaltigsten Erzeugnisse eines produktiven Kunstsinnes der Nation verbunden werden, ebenfalls die Eigenschaft des Talentes in einer allerhöchsten Bedeutung zusprechen müssen.

Demzufolge wird es uns wohl anstehen, die Annahme zu fassen, daß der Deutsche auch für die dramatische Kunst nicht minder befähigt sich zeigen werde, sobald seinem Genius das ihm eigene Gebiet hierin frei eröffnet, ja eben nur offen gelassen wird, anstatt es ihm jetzt durch einen Qualm undeutschen Wesens verdeckt bleibt. Welches schwierige Problem ich mit dieser Zuweisung des uns eigenen Gebietes für das Theater in das Auge fasse, entgeht Niemand weniger als mir selbst: es sei mir daher gestattet, nur mit großer Vorsicht an einen Versuch der Lösung desselben heranzutreten.

In dem hier gemeinten Sinne habe ich mich zu meiner nächsten Hilfe auf die verschiedenen Hinweisungen und näheren Andeutungen zu beziehen, zu deren Kundgebung ich mich auf bereits früher erhaltene Veranlassungen hin entschloß. Ich verweise hierfür zuerst auf meine Forderung eines Originaltheaters, wie ich sie in

meinem Briefe an Franz Liszt über die „Goethestiftung"*) aussprach; sodann auf die nähere Ausführung des in jener Forderung
liegenden Gedankens mit ganz besonderer Beachtung eines, als zu-
fällig gegeben betrachteten, engeren örtlichen Verhältnisses, welche ich
in dem „ein Theater in Zürich"**) betitelten Schriftchen vor
längeren Jahren aufzeichnete. Die Zustimmungen, welche sich mir
namentlich zu der letzteren Abhandlung meldeten, waren nicht ermu-
thigender Art, da sie besonders von solchen Leuten ausgingen, welche
für ihre Neigung zu dem sogenannten Liebhabertheaterspielen in
meinem Vorschlage eine anständige Deckung erkennen mochten,
wenn sie nun auch vor dem vollen Publikum wirklich Komödie zu
spielen sich anlassen würden. Besonnenere Freunde fanden es
einzig unbegreiflich, wie gerade aus den Elementen der von mir in
das Auge gefaßten städtischen Gesellschaft, schon der dort herr-
schenden üblen Mundart wegen, etwas nur irgend Erträgliches für
das Theater sollte gewonnen werden können. Daß es etwa
an Theaterdichtern fehlen würde, befürchtete jedoch Niemand,
da eigentlich Jeder sich für befähigt hielt, ein gutes Stück zu
schreiben.

Ich glaube nun, daß, sollte meine damals für Zürich gegebene
Anleitung zur allmählichen Einrichtung eines Originaltheaters gegenwärtig durch irgend welche imponirende Macht, z. B. durch eine
reiche Aktiengesellschaft, als Vorschlag an das gesammte Deutschland
gerichtet werden, die Zustimmung hierauf ungefähr ganz so aus-
fallen dürfte, wie damals sie dort ausfiel: an Schauspielern, da jetzt
ganz Deutschland den Sprachdialekt zu liefern hätte, wie vor allem
auch an Dichtern, würde kein Mangel sein; namentlich würden die
Letzteren mit mehr als patriotischer Freudigkeit die Ausschließung
jedes ausländischen Bühnenproduktes unterschreiben, und hiermit
die Originalität des deutschen Theaters für garantirt halten;

---

*) Siehe Band V meiner ges. Schriften und Dichtungen.
**) Ebendaselbst.

wogegen die Einsprüche eines seit den letzten zwei Dezennien zu angesammelter Erfahrung gelangten Wiener Theaterdirektors, welcher
dem deutschen Theaterwesen ohne übersetzte französische Stücke nicht
beikommen zu dürfen der Meinung sein mag, vielleicht einzig sich erheben würden, bis denn auch ihm endlich wohl die Originalproduktion
wieder geläufig werden dürfte.   Schwieriger würde die Angelegenheit sich jedoch herausstellen, wenn die von mir imaginirten Herren
Aktionäre es mit der Forderung der Originalität ernster nähmen,
und es für nöthig hielten, den Begriff dieser „Originalität" von wirklich Sachverständigen genau bestimmen zu lassen, damit nach ihm
die Leistungen des Theaters fortan beurtheilt würden.   Und in der
That wäre eben dieß, nämlich: wie die geforderte Originalität sich
beurkunden sollte, der Punkt, welchen wir vor Allem mit kaltblütiger
Sorgsamkeit zu erwägen hätten.

Ich glaube der Erörterung dieses Punktes nach mancher Seite
hin deutlich vorgearbeitet, und namentlich zur Kritik der Unoriginalität des modernen deutschen Theaters förderliche Beiträge geliefert zu haben; weßhalb ich mich jetzt, um nicht von mir Gesagtes
zu wiederholen, auf die hierher bezüglichen Darstellungen in „deutsche
Kunst und deutsche Politik", „über eine in München zu errichtende
Musikschule", sowie am Schlusse von „Oper und Drama" verweise.
Die durch diese Unoriginalität dem deutschen Theater zugefügten
Schäden sind so groß und augenfällig, daß als einfachstes Mittel
zur Prüfung der Originalität eines als solchen sich gebenden
deutschen Theaterstückes in Vorschlag zu bringen wäre, daß dieses
Stück von unseren Schauspielern vorgelesen, und nun darauf gemerkt werde, in welchen Ton diese sofort gerathen, ob dieser ein
ihnen natürlicher oder affektirter ist.   Man gebe ihnen das gefeiertste Stück unseres erhabensten modernen Originaldichters, und
verpflichte sie, sobald man merkt, daß sie in unnatürliches Pathos
verfallen oder links und rechts sich nach dem Publikum umsehen,
ganz so zu sprechen und sich zu benehmen, wie sie in etwa ähnlichen

Situationen des wirklichen Lebens es zu thun gewohnt seien, so wird, wenn sie dieß dann ausführen, über das vorgegebene dichterische Kunstwerk vermuthlich Alles lachen müssen. Sollte man diese Probe dem Charakter der theatralischen Kunst für unangemessen halten, so fordere ich dagegen, ganz dieselbe Probe bei französischen Schauspielern mit dem allerexzentrischesten französischen Theaterstücke vorzunehmen, um sofort zu erkennen, daß selbst das ausschweifendste theatralische Pathos, wie es der Dichter verwendet, in der Redeweise und der Haltung des Schauspielers, wie sie ihm auch für das gemeine Leben in irgendwie ähnlicher Situation zur zweiten Natur geworden sind, durchaus nichts verändert: denn so spricht und benimmt sich der Franzose, und deßhalb, weil er dieß stets beachtet und im Auge behält, schreibt der Theaterdichter so und nicht anders. Dem Deutschen ist nun aber jedes, diesem französischen irgendwie nahekommende Pathos durchaus unnatürlich; hält er es für nöthig, sich seiner zu bedienen, so muß er es durch lächerliche Verstellung seiner Stimme und Heraufschraubung seiner Sprachgewohnheiten nachzuahmen suchen.

Daß wir diese Unnatur an unseren Schauspielern so schwer erkennen, kommt leider daher, daß wir, auch ganz entfernt vom Theater, diese absurde Komödie spielen zu sehen uns gewöhnt haben: sie spielt bei uns Jeder zu irgendwelchem öffentlichen Reden berufene. Mir ward seiner Zeit im Betreff eines ziemlich berühmt gewordenen Professors der Philologie versichert, dieser würde bei gegebener Gelegenheit noch eine große Rolle in der Politik spielen, denn er habe sich die Rednerkunst so planmäßig angeeignet, daß er jedem erdenklichen Ausdrucke, auch da wo etwas gelächelt oder wirklich gelacht werden müsse, als spielender Meister gewachsen sei. Es war mir vergönnt, bei einer Leichenbestattung mich von der Kunst dieses sonst sehr würdigen Mannes zu überzeugen: hier hatte er soeben noch im bestimmtesten Dialekte gemüthlich zu mir gesprochen, als er plötzlich, im Beginne seiner offiziellen Rede, Stimme, Sprache und Ausdruck in so übertreibender Weise veränderte, daß ich eine völlig spukhafte Erscheinung vor mir zu haben glaubte. Ja, lasse man unseren besten Dichter seine Verse uns vorlesen, sofort verfällt er in ein Falsett seines Sprachorganes und in die Anwendung aller dieser pomphaften und thörigen Verstellungen, an welche wir uns schließlich fast in der Weise gewöhnen, als ob es so sein müsse. Wir vernehmen, daß Goethe durch Unnatürlichkeit beim Vorlesen seiner Poesien peinlich wurde; von Schiller weiß man, daß er durch übertriebenes Pathos seine Stücke ganz unkenntlich machte. Sollte uns dieß Alles nicht recht nachdenklich darüber machen, in welchem Verhältnisse die höhere Tendenz der Kundgebung des deutschen Wesens zu unseren natürlichen Ausdrucksmitteln stehe? Offenbar müssen wir erkennen, daß hier, eine fast zur zweiten Natur gewordene Affektation vorhanden sei, welche schließlich aus einer falschen Annahme hervorgegangen ist; vielleicht aus der üblen Meinung, welche uns über unsere natürliche Befähigung beigebracht worden ist, und dieß zwar im Sinne einer uns fremdartigen Kultur, welche wir so unbedingt als ein Höheres anerkannten, daß wir, selbst auf die Gefahr hin uns lächerlich zu machen, nur in ihrer möglichsten Aneignung unser Heil suchen zu müssen vermeinten.

Wollen wir für jetzt, und für unseren nächsten Zweck, der Kritik des hier berührten, so fatalen Zuges des deutschen Kulturwesens uns enthalten, so haben wir eben nur zu bestätigen, daß der gebildetste wie der begabteste Deutsche, sowohl für seinen rednerischen wie seinen plastischen Ausdruck, unablässig der Neigung wie der Veranlassung zum Affektiren ausgesetzt ist. Goethe, der, wie wir dieß soeben berührten, derselben Gefahr nicht bei jeder Veranlassung entgangen zu sein scheint, läßt uns andererseits durch sein klares Auge auch dieses Übel sehr drastisch erfassen: einerseits sucht sich sein „Wilhelm Meister" durch das Theater zu einem, von seinen bürgerlichen Gewöhnungen befreiten Styl der Persönlichkeit zu verhelfen; andererseits aber giebt sein „Faust" dem armen Pedanten, welcher in der Kunst des Vortrages zu profitiren wünscht und deßhalb sich darauf beruft, daß — wie man sage — ein Komödiant einen Pfarrer lehren könne, die so nachdenkliche Antwort: „O ja! wenn der Pfarrer ein Komödiant ist". Es wird uns nicht unbehilf- lich sein, wenn wir den hierin ausgedrückten Gedanken als einen zu umfassender Deutung auffordernden Wahrspruch fest halten.

Verstehen wir unter dem hier genannten „Pfarrer" alle einen höheren Beruf Ausübende, welche zur Behauptung der mit dieser Ausübung angetretenen besonderen Würde der Affektation im Reden und Benehmen sich hingeben zu müssen glauben, und unter „Komö- diant" dagegen Denjenigen, welcher seinen Beruf darein setzt, durch verstellte Stimme und Gebärde den wirklichen natürlichen Menschen in seinen verschiedenen Charakter- und Berufseigenschaften nachzu- ahmen, so wird es sehr ersichtlich, daß hier nur der Komödiant der Lehrer sein kann, und der Pfarrer vermuthlich sehr viel zu lernen hat, ehe er seinem Lehrer gleich kommt. Der verächtliche Ausdruck „Komödiant" kann aber, genau genommen, nur Denjenigen be- zeichnen, der durch ein verstelltes Benehmen sich selbst interessant oder besonders würdig erscheinen lassen will, indem er in Wahrheit für Den gehalten sein will, für den er sich ausgiebt; dieß hieße also im Bezug auf den Mimen, wenn dieser nicht eine aus der Wirklichkeit des Lebens erschaute, ihm fremde Individualität als solche durch seine Kunst objektiviren wollte, sondern durch Aneignung eines frem- den Wesens und Benehmens über seine wirkliche Person in ernstlicher Absicht zu täuschen sich bemühte. In diesem letzteren Falle befinden sich aber alle Diejenigen, welche im Leben sich der Neigung zum so- genannten theatralischen Benehmen überlassen; diese, welche wir, sobald sie sich auf unseren Theatern zeigen, eben „Komödianten" nennen, füllen aber fast unsere ganze bürgerliche Welt nach allen Dimensionen und Richtungen hin an, so daß der redliche Mime, der wiederum sie darstellen will, fast nur das Motiv der komödiantischen Affektation zur Nachahmung vor sich hat.

Wie nun hier, wo das ganze Leben von dem komödiantischen Motive erfüllt ist, zur Auffindung reiner Motive für die mimische Darstellungskunst zu gelangen wäre, dieß zu untersuchen würde uns zugleich zur richtigen Kritik der uns gebührenden, wirklichen Originalität hinleiten. Wenn ich die Meinung äußerte, ein mit natürlichem Tone von unseren Schauspielern vorgetragenes modernes Trauerspiel müßte sogleich das Lächerliche seines Styles wie seiner ganzen Konzeption aufdecken, so suchte ich hiermit eben die uns unbewußt gewordene Verlorenheit in eine allseitige Affektation zu bezeichnen, welche sich dem gewöhnlichen Leben, mit seinen wahrhaftigen Interessen, gegenüber jeden Augenblick dann zeigt, sobald wir uns mit einer gewissen uns fremden theoretischen Würdigkeit auszustatten für nöthig halten müssen. Den unentstellten, natürlichen Menschen sehen wir nur noch im gemeinsten Leben, ja sogar nur im Leben der niedrigsten Sphären vor uns, und deßhalb darf es uns denn auch nicht erschrecken, wenn wir nur in den, diesem Leben und diesen Sphären entnommenen Motiven nachgebildeten, Theaterstücken die Schauspielkunst noch mit Originalität ausgeübt sehen.

Es ist aber nicht anders. Nur in dem niedrigsten Genre wird bei uns in Deutschland noch gut Theater gespielt, und es stehen die Leistungen dieses Genre's, was das Wesentliche der Schauspielkunst betrifft, in keiner Weise hinter der Vortrefflichkeit der französischen Theater zurück; ja wir treffen hier häufig mehr als das gewöhnliche Talent, nämlich bereits das, wenn auch in niedrigerer Sphäre verkümmernde, Genie der Schauspielkunst an. Wie nun aber auch das sogenannte Volkstheater in den deutschen Städten immer mehr verkommt, oder da, wo es dem Namen nach sich erhält, durch Einimpfung aller verderblichen Motive der Affektation zu einem widerwärtigen Zerrbilde umgeschaffen wird, so zieht sich auch diese letzte Lebenssphäre des originalen theatralischen deutschen Volksgeistes in immer engere und dürftigere Dunstkreise zusammen, in denen wir

schließlich fast nur noch das Kasperltheater unserer Jahr-
märkte antreffen.

In Wahrheit ist mir kürzlich aus einer zufälligen Begegnung
mit einem solchen Theater ein letztes Licht der Hoffnung für den
produktiven deutschen Volksgeist aufgegangen; und zwar geschah dieß,
als ich von dem vorangehenden Eindrucke der Aufführung eines
„höheren" Lustspieles in einem berühmten Hoftheater im Betreff jeder
Hoffnung mich auf das Tiefste niedergedrückt gefühlt hatte. In dem
Spieler dieses Puppentheaters und seinen ganz unvergleichlichen
Leistungen, mit denen er mich athemlos fesselte, während das Stra-
ßenpublikum in seiner leidenschaftlichsten Theilnahme an ihm alle
gemeinen Lebensverrichtungen zu vergessen schien, ging mir seit un-
denklichen Zeiten der Geist des Theaters zuerst wieder lebendig auf.
Hier war der Improvisator Dichter, Theaterdirektor und Acteur zugleich, und seine armen Puppen lebten durch seinen Zauber mit der
Wahrhaftigkeit unverwüstlich ewiger Volkscharaktere vor mir auf.
Mit der gleichen Situation wußte er uns ganz nach Belieben festzuhalten, indem er uns stets wieder neu mit ihr überraschte, wobei es
sich in der Hauptsache um ein so merkwürdiges, bis in das Dämonische
gesteigerte Wesen, wie diesen deutschen „Kasperle" handelte, der
vom ruhig gefräßigen „Hans Wurst" sich bis zum unüberwindlichen
Teufels- und Pfaffenspuk-Banner erhebt, dem wunderlich affektirt
redenden Herrn Grafen durch unwiderleglichen witzigen Verstand
beikommt, Hölle und Tod besiegt, und das römische Recht in jeder
Form der Justiz sich fest vom Leibe hält. — Es gelang mir nicht,
den wunderthätigen Genius dieses ächtesten aller Theaterspiele, die
ich noch je angetroffen, persönlich ausfindig zu machen: vermuthlich
war mir dadurch eine schwere Prüfung meines Urtheiles erspart.
Jedenfalls aber glaubte ich zu erkennen, daß Holtei's Ideal gegen
jenes Genie ein übel verkümmertes Wesen war. —

Gewiß sollten wir unsere Geschichte auch anderswo als in
Büchern studiren, da sie oft auf den Straßen aus vollem Leben zu

uns redend angetroffen werden kann. In jenem Kasperltheater ersah ich die Geburtsstätte des deutschen Theaterspieles vor mir, und diese richtig zu würdigen erschien mir lehrreicher als alle unsere „Essais" dünkelhafter und ignoranter Gelehrter über das Theater. Aus solchem Studium würde man auch zu der richtigen Erkenntniß der unglaublichen Verkommenheit des öffentlichen deutschen Kunst= wesens gelangen, wenn man sich nämlich darüber klar würde, daß das einzige wahrhaft deutsche Originalstück von allerhöchstem dichte= rischen Werthe, nämlich G o e t h e ' s F a u s t , — n i c h t für unsere Bühne geschrieben werden konnte, trotzdem in jedem seiner Züge es dem originalen deutschen Theater so innig angehört und aus ihm entsprungen ist, daß Das, was es unserem elenden modernen Theater gegenüber als unpraktikabel für die Aufführung erscheinen lassen muß, nur aus dieser Herkunft sich erklären und verstehen läßt. Vor einer solchen, dem Einsichtsvollen und Aufmerksamen klar offen liegenden Thatsache, wie dieser soeben in der unerhörten Stellung des originalsten deutschen Theaterstückes zu unserem heutigen Komödianten=Theater sich kundgebenden, steht nun unser völlig blödsinnig gewordenes Kunsturtheil, und weiß ihr nichts Anderes als den Schluß zu entnehmen, daß G o e t h e eben — kein Theater= dichter gewesen sei! Und solchem Urtheile soll man sich verständlich machen, ja sogar mit ihm gemeinschaftlich die Quellen der Originali= tät des deutschen Theaters aufsuchen! —

Sei es mir daher gestattet, in meiner Weise, indem ich von jenem Kunsturtheile unserer „Modernen" mich gänzlich abwende, einer klaren Bezeichnung Desjenigen mich zu nähern, was unter Originalität des deutschen Schauspielwesens zu verstehen sein könne.

Ich zeige in Goethe's „Faust" unseren deutschen
Schauspielern ein Stück von allerhöchstem dichte-
rischem Werthe, in welchem sie dennoch jede Rolle
richtig zu geben und jede Rede richtig zu sprechen
ganz von Natur befähigt sein müssen, wenn sie überhaupt irgendwelche Begabung für das Theater auf-
zuweisen haben. Hier bedarf es selbst für den lieben Gott,
der „so menschlich mit dem Teufel selber spricht", keines Pathos' in der
Rede; denn auch er ist deutsch und redet in der Sprache, die wir
alle kennen, mit dem Tone, den wir aus gütigem Herzen und klarem
Geiste kommend, Alle vernommen haben. Sollte es einmal zu einer
allgemeinen Musterung unserer Schauspieler und zur Ausscheidung
der Unberufenen kommen wollen, so würde ich Jedem seine etwa
von ihm beanspruchte Rolle aus dem Faust vorlegen, und darnach,
wie er sich hier benähme, über sein Verbleiben beim Theater ent-
scheiden lassen. Dieß wäre nun die umgekehrte Probe für die Originalität der Schauspieler, wie die zuerst vorgeschlagene der Originalität der Stücke galt. Wollten wir bei der Ausführung dieser
Prüfung jeden Schauspieler, der hier in das Affektiren, Dehnen und
sinnlose Effektspiel verfiele, sofort dem großen Komödiantenstande
außerhalb des Theaters zuweisen, so fürchte ich, daß wir schließlich
fast gar keine Schauspieler für unsere Faustaufführung fänden, sobald
wir uns nicht etwa entschlössen, in die niedrigsten Sphären unserer
Theater herabzusteigen, um dort wenigstens auf die Spuren der ge-
suchten Begabungen zu treffen. Ich für mein Theil wohnte vor
einer Reihe von Jahren einer Aufführung des „Faust" im Wiener
Burgtheater bei, nach deren ersten Akten ich mich mit dem an den
Direktor des Theaters ertheilten Rathe entfernte, er möge seine
Schauspieler wenigstens veranlassen, Alles gerade noch einmal so
schnell, als sie es gethan, zu sagen, und diese Maaßregel mit der
Uhr in der Hand durchzusetzen suchen; so nämlich schien es mir
möglich, erstlich den grenzenlosen Unsinn, in welchen jene Leute bei

ihrem Tragiren verfielen, wenigstens einigermaßen unmerklich zu machen, zweitens aber die Schauspieler zu einer wirklich natürlichen, vielleicht selbst gemeinen Sprache zu nöthigen, in welcher ihnen dann wohl selber der erste populäre Sinn ihrer Reden aufginge. Gewiß hielt man diese Zumuthung für unschicklich, und vermeinte, die Schauspieler würden dann in den Ton der sogenannten Konversationsstücke verfallen, welche zwar andererseits ihre Stärke seien, in denen es doch aber zu einer Haltung käme, wie sie für eine Goethe'sche Tragödie unrathsam werden müßte. Eben diese Konversationsstücke gaben nun aber einen Begriff davon, worin der Konversationston unserer deutschen Schauspieler bestehe: ein „deutscher Konversationston"! Die Benennung sagt Alles, und unwillkürlich denkt man an das Brockhausische Konversationslexikon! — Diesen Gallimathias von Unnatur, gezierter Flegelei und negerhafter Coquetterie auf „Faust" anwenden zu sollen, mußte allerdings selbst einem modernen Theaterdirektor frevelhaft vorkommen. Allein, eben hiermit wird doch auch offen bekundet, daß an unserem modernen Schauspiele nicht eine gesunde Faser sei, außerdem jedenfalls aber auch bestätigt, daß das größte Original=Theaterstück der Deutschen unserem Theater, wie es ist, gar nicht angehören kann; weßhalb denn auch die Pariser mit einer „Oper" eine wirkliche Lücke des deutschen Theaters glücklich ausfüllen durften! — —

Da es mir nicht beifallen kann, für das deutsche Theater, welches ich in tiefster Wurzel für verdorben halte, Reformpläne vorzulegen, und etwa anzudeuten, wie man es machen solle, um seinem widerwärtigen Aussehen eine bessere Miene zu geben, muß es mir bei der vorliegenden Untersuchung einzig darauf ankommen, durch meine Hinweisungen dem wahrhaft begabten Mimen, den ich aus verschiedenen Anzeichen immer noch antreffen zu können vermuthen darf, nach bestem Wissen den Faden in die Hand zu geben, an welchem er sich aus dem Wirrsal seiner Umgebung herausfinden könne. In Ed: Devrient's „Geschichte der deutschen Schauspiel-

3

kunst" liegt, wenn man die hier angesammelten und übersichtlich vorgeführten Data wohl beachtet, eine sehr geeignete Anleitung zur
Auffindung dieses Fadens vor. Hier treffen wir auf den Punkt, wo
das von der höheren Bildung der Nation gänzlich unbeachtete und
unberührte rohe Volkstheater in die Hände experimentirender Schöngeister der ersten Hälfte des vorigen Jahrhunderts fällt; von
diesen aus rettet es sich in die wohlgesinnte Pflege einer redlichen,
aber engen bürgerlichen Welt, deren Grundton sein Gesetz der
Natürlichkeit wird, auf welches die schnell erblühende poetische
Litteratur der zweiten Hälfte des Jahrhunderts sich stützt, um auch
das Theater bis zu ausschweifender Kühnheit im Style fortzureißen.
Diese Richtung zu zügeln und auf das Ideale hinzuleiten, wird zur
Bemühung unserer größten Dichter: die Bedeutung des Staunens,
mit welchem diese vor der „Oper" anhalten, suchte ich in meiner Abhandlung „über die Bestimmung der Oper" in ein klares Licht zu
stellen, und führte dort zugleich die Gründe für das Einschlagen der
neueren Richtung aus, welche uns den akademischen Ton und das falsche
Pathos im Schauspiel brachte. Wie wir von hieraus in das Chaos
des deutschen Hoftheaters, mit dessen Konsequenzen und Dependentien
im Tivoli- und hermaphroditischen Volksballet-Theater, geleitet wurden, gehört einer Geschichte an, die auch ich bereits beleuchtet habe, von
deren Ergebnissen wir uns nun aber eben abzuwenden haben, um
auf den jämmerlich gebrochenen und entstellten Grundcharakter des
originalen deutschen Schauspielwesens aus allem Erlittenen und
Erlernten gesunde Schlüsse zu ziehen.

Es wird nicht leicht sein, diesen Charakter richtig zu bezeichnen,
ohne in verfänglicher Weise anzustoßen. Wenn es mit Goethe's Ausspruche „im Deutschen lügt man, wenn man höflich ist" seine Richtigkeit hat, so ist nicht zu verkennen, daß es bei uns in Theater und
Litteratur, sobald es dort anmuthig aussehen soll, nicht sehr wahr-
haftig hergeht, wobei das Schlimmste ist, daß uns das Lügen gar so
lächerlich ansteht und Niemand uns glaubt, weil wir Keinen damit

täuschen. Wir betreiben zwar die Höflichkeit wiederum auf unsere eigene Art: so lassen wir, da wo wir eng und knöchern sind, das „deutsche Herz" seine Rolle spielen, für Dürre und Härte unserer Frauenwelt in Chignon und Crinoline lassen wir die „edle deutsche Weiblichkeit" eintreten, und die „deutsche Biederkeit" blickt aus jedem scheelen Auge. Doch ist eben mit solchen Kulturäußerungen auch selbst nicht der Anschein des Tones zu gewinnen, welchem man Glauben beimessen könnte, und es kann in ihm nur das Zerrbild unseres Wesens sprechen. Es ist einmal nicht anders: dem Deutschen hilft nur volle Wahrhaftigkeit, möge diese sich zunächst auch nicht sonderlich anmuthig ausnehmen. Somit müssen wir immer wieder auf diesen Ton zurückkommen, welchen wir jetzt nur noch in den niedrigsten Sphären, namentlich unseres Theaterwesens, antreffen. Wer aber wollte diesem eine selbst hochbildsame Produktivität ab= sprechen? Wir brauchen nicht sogleich nur auf unseren über Alles herrlichen „Faust" zu verweisen, um mit ihm allerdings auch auf unsere anderseitige tiefste Schmach zu deuten; sondern der niedereren Sphäre noch näher stehend, und somit auch auf die Praktik des Theaters einwirksamer, treffen wir auf bedeutsame Entwickelungen aus dieser Sphäre. Aus der Wiener Volksposse, mit ihren dem Kasperl und Hanswurste noch deutlich erkennbar nahe stehenden Typen, sehen wir die Raymund'schen Zauberspiele sich bis in das Gebiet einer wahrhaft sinnigen theatralischen Poesie sich erheben; und wollen wir nach der würdevollsten Seite des eigenthümlich tüchtigen deutschen Wesens hin sogleich ein allervortrefflichstes Bühnen= werk bezeichnen, so nennen wir Kleist's wundervollen „Prinz von Homburg".

Können unsere Schauspieler dieses Stück noch gut spielen?

Vermögen sie es nicht mehr, ein deutsches Theaterpublikum von Anfang bis zu Ende in treuester Theilnahme an eine Aufführung gerade dieses Stückes zu fesseln, so dürfen sie nur auch sich selbst das Zeugniß der Unfähigkeit zur Ausübung der Schauspielkunst im

deutschen Sinne überhaupt ausstellen, und für alle Fälle mögen sie
dann von dem Vorgeben, Schiller und Shakespeare darstellen zu
wollen, gänzlich sich abwenden. Denn gerathen wir in das Bereich
des höheren Pathos', so betreten wir ein Gebiet, auf welchem nur
noch das G e n i e uns etwas Wahrhaftes geben kann, während unsere
bis dorthin treusinnig geleitete natürliche Begabung für das Theater
hier sofort sich in jene sonderbare deutsche „Höflichkeit" verlieren
muß, welcher Niemand zu glauben vermag. Dieses Genie ist aber
zu jeder Zeit selten, und seine Leistungen, das „Ungemeine", für
jeden beliebig angeordneten Theaterabend unserer weit versprengten
deutschen National-Bühne in Forderung stellen zu wollen, muß uns
durchaus unsinnig erscheinen. Alles was wir dagegen als der Ausbildung unseres Theaters ersprießlich anrathen möchten, wäre eine
solche Organisation seiner Tendenzen, welche stets den Boden für
die Erscheinung des mimischen Genie's vorbereitet hielte, was eben
nur durch die redlichste Pflege der gesunden natürlichen Anlagen des
Deutschen für das Theater zu erzielen sein kann.

Wir beachteten, welche vorangehende günstige Wendung in der
Wiedergeburt des englischen Theaters die Erscheinung eines G a r r i c k
daselbst ermöglichte. Was ebnete unserem L u d w i g D e v r i e n t auf
dem deutschen Theater den Boden? Deutlich erkennbar war dieß die
bis dahin eingeschlagene und in den wichtigsten Zügen noch be-
hauptete gesunde Richtung, in welcher sich das Theater bewegt, und
Darsteller wie F l e c k, S c h r ö d e r, I f f l a n d, ja gleichzeitig mit dem
großen Tragöden noch einen E ß l a i r, A n s c h ü tz und andere hervorgebracht hatte. Wäre auf dem h e u t i g e n englischen Theater ein
G a r r i c k möglich? Oder wollen wir uns darein versetzen, in welchem
Lichte einem L. D e v r i e n t das Theater aufgehen müßte, wenn ihm
dieses heute in der Haltung des Berliner Hoftheaters entgegenträte?
Vielleicht hätte seine so überzarte Einbildungskraft davor gänzlich
zurückgeschaudert, und die lebenzerrüttende Überreizung seiner
Imagination wäre dem großherzigen Mimen erspart geblieben. —

Wollten wir dagegen den Weg einschlagen, auf welchem wir zu der hier gemeinten stätig förderlichen Pflege eines originalen deutschen Theaterwesens gelangen dürften, so ist es ersichtlich, daß wir vor allen Dingen den in das Lächerliche hinaufgeschraubten Ton unseres Theaterspieles auf das, dem deutschen Wesen natürliche Maaß des mimischen Pathos' zurückzuleiten hätten, hier ganz wieder heimisch zu werden, und so uns wenigstens die Gesundheit zu wahren suchen müßten, aus welcher das gottgesandte Genie sich ernähren könnte.

Die Zeitigung der Erscheinung desselben läge somit aber ganz in unserer Hand. Wir dürften nur eine Konstituirung des deutschen Theaters im wahrhaft deutsch-politischen Sinne annehmen, nach welchem es viele deutsche Staaten, aber nur ein Reich giebt, das endlich dazu berufen ist, das Große und Ungemeine zu leisten, was den einzelnen Theilen, aus denen es doch besteht, unmöglich zu leisten ist. Wenn demnach alle unsere verschiedenen Theater nur jener einen Pflege der Gesundheit der theatralischen Kunst mit treuer Sorge sich hingäben, und hierfür nie die Sphäre derselben überschritten, welche ich zuvor mit der Hinweisung auf Kleist's „Prinzen von Homburg" zog, so würde es dagegen einer Vereinigung der vorzüglichsten Kräfte dieser Theater wohl anstehen, auch über diese Sphäre hinaus ihre Bemühungen zu richten, sobald dieß selten und nur auf die Anregung durch hervortretende besondere Begabungen geschähe.

Wie ich mit diesen Andeutungen mich nach der Seite der praktischen Ausführung durch eine wirkliche Organisation unserer Theater wende, treffe ich hier auf denselben Gedanken, welcher mir die beabsichtigten Bühnenfestspiele in Bayreuth eingegeben hat. Wer im Betreff dieser Angelegenheit verfolgt hat, wie ich von vornherein den Versuch einer Organisation zur genossenschaftlichen Zusammenwirkung aller Theater gar nicht erst in Vorschlag bringen zu dürfen glaubte, wird begreifen, daß ich die obigen Andeutungen noch weniger in einem ähnlichen Sinne zu irgend einem Projekte auszuarbeiten mich berufen fühle. Die Leitung unserer Theater ist gegenwärtig dem

Urtheile Derer überlassen, welche, so vornehm sie sich auch dünken
mögen, ihren Verstand von der Sache doch nur der schlechten Be=
schaffenheit unseres Theaterwesens im Allgemeinen verdanken: diesen
Verstand zu einem Verständnisse der wirklichen Bedürfnisse des
Theaters erweitert zu sehen, habe ich längst aufgegeben. Wie ich
für jedes im Theater zu leistende Gute einzig auf den rechten Instinkt
unserer Mimen und Musiker rechne, wende ich mich somit auch nur
an diese, wenn ich meine Andeutungen bezüglich der wünschens=
werthen ersprießlichen Verwendung ihrer Anlagen bis zur Darlegung
meines Grundgedankens hierüber ausdehne.

Diesen Grundgedanken zeichnete ich bereits in meinem Vortrage
„über die Bestimmung der Oper" für den ästhetischen Beurtheiler
der verschiedenen Gattungen des Drama's in bestimmterer Fassung
auf. Es liegt mir jetzt daran, ihn dem Bewußtsein unserer Schau=
spieler und Sänger näher zu bringen. Den ersteren zog ich eine
Grenzlinie, bis zu welcher ich die Ausbildung und Anleitung ihrer
Anlagen, dem deutschen Grundcharakter angemessen, geführt wissen
möchte, um sicher zu bleiben, daß sie sich von u n d e u t s c h e r Affektation,
somit vom Verderb ihrer Kunst, ferne hielten. Sollten hiergegen
nun die für die Überschreitung dieser Linie günstigen Umstände auf
das Gewissenhafteste erwogen werden können, sollten demnach hie
und da hervorragende mimische Begabungen wahrgenommen worden
sein, deren glückliche Vereinigung zu einer Gesammtleistung in dem
Sinne einer edlen nationalen Festlichkeit gelänge, so würde es sich
nun an der Hand wohlbenutzter Erfahrungen zu zeigen haben, ob
das namentlich durch S c h i l l e r vertretene didaktisch=poetische Pathos
der jedenfalls hier angestrebten Idealisirung des Drama's überhaupt
förderlich sei, indem es den Darsteller, während es ihn in der höheren
Sphäre erhielte, zugleich auf dem 'gesunden Boden seiner Kunst sich
fortbewegen ließe. Dieses Problem wäre nämlich jedenfalls erst noch
zu lösen, und keinesweges soll mit seiner Aufstellung etwa ein voraus
gefaßter, unbedingter Zweifel ausgedrückt sein. — Die Dramen

Schiller's sind als bloße wirksame Theaterstücke von so unge=
meinem Werthe, sie fesseln uns einfach durch den Gang der darge=
stellten Handlung so unwiderstehlich, daß es wohl der Mühe werth
dünken muß, die Bewältigung der Schwierigkeiten ernstlich zu ver=
suchen, durch welche ihre Darstellung selbst in einem natürlichen Sinne
andererseits so sehr behindert erscheint. Die Neigung, welche in
unserem großen Dichter jenes, so bezeichnete, didaktisch=poetische Pathos
ausbildete, durch dessen so ungemein schwungvolle Anwendung er
den Gehalt seiner Dramen zu erhöhen und in das rechte verklärende
Licht zu setzen sich bestimmt fühlte, liegt jedenfalls im deutschen
Wesen tief begründet. Wie jedoch die hierdurch dem Mimen gestellte
Aufgabe zu lösen sei, wie der unerläßliche Charakter einer drama=
tischen Handlung bei dem, jeden Augenblick sie durchbrechenden Appell
an das ethische Urtheil, unaufgehoben forterhalten werden solle, dieß
wäre eben erst noch zu ermitteln und festzustellen. An den Erfolgen
des Eintrittes der „poetischen Diktion" in den dramatischen Styl
haben wir ersehen, bis zu welchem Verderbniß aller guten Anlagen des
deutschen Schauspieles die seichte Auffassung der hiermit gestellten
Aufgabe führen konnte. Meines Wissens ist diese zu einer erträg=
lichen Lösung nur durch den gesunden, wenn auch nüchternen Geist
einiger guten Schauspieler aus der alten Schule gekommen, wie er
sich z. B noch in dem, der reiferen Generation unserer Tage erinner=
lichen, tüchtigen Eßlär zeigte: hier ward der ethisch=didaktische
Gehalt der Sentenz vom Pathos abgestreift, und in verständiger
Weise nach der ihm beizulegenden Färbung des Gefühles zum Vor=
trag gebracht. Nur einmal scheint das Schiller'sche Ideal durchaus
erreicht worden zu sein, als die geniale Sophie Schröder für
jenen Gehalt auch den verklärenden musikalischen Ton der Rede
fand, vermöge dessen der didaktische Kern sich wiederum in die Sphäre
des reinen Gefühles auflöste, und somit selbst zum leidenschaftlichen
Accente des Dramatikers wurde.

Glaubt ihr nun es versuchen zu dürfen, ob euch die Aneignung dieses Accentes, des unveräußerlichen Seeleneigenthumes eines großen Genie's, zum unfehlbaren stylistischen Erwerbniß gelingen könne?

Jedenfalls dünkte es mich verständig, diesen Versuch nur unter den von mir vorausgesetzten außerordentlich günstigen Umständen zu wagen, denn hier gälte es, durch ihre vorangehende glücklichste Anwendung die Gesetze eines eigenthümlichen ideal-deutschen Styles erst aufzufinden, während die Dramen Shakespeare's uns überhaupt auf einen Styl der mimischen Darstellung hinweisen, für welchen es in Wahrheit gar keine Gesetze zu geben scheint, wogegen er in jedem gesunden mimischen Spiele als allererstes Gesetz seiner Natürlich-keit zu Grunde liegen muß.

Shakespeare ist eben aus keiner nationalen Schule zu er-klären, sondern einzig aus dem reinen Wesen der mimisch-dramatischen Kunst überhaupt zu begreifen. Bei ihm löst sich jedes Styl-Schema, das heißt: jede von außen angenommene, oder durch Reflexion vor-gestellte Tendenz für Form und Ausdruck, in jenes eine Grundgesetz auf, aus welchem das natürliche Nachahmungsspiel des Mimen den Erscheinungen des Lebens gegenüber seine wunderbare Täuschungs-kraft empfängt. Daß Shakespeare in der Maske seiner Darsteller jede von ihm wahrgenommene menschliche Individualität nach ihrem allernatürlichsten Gebahren sprechen lassen konnte, dieß ließ ihn auch das über alle eigene Lebenserfahrung hinaus Liegende nach seinem richtigen Gebahren erkennen und ausdrücken. Alle seine Gestalten tragen den Stempel der treuesten Naturwahrhaftigkeit in solcher Greifbarkeit an sich, daß zur Bewältigung der von ihm gestellten Aufgaben für das Erste nur Freiheit von jeder Affektation nöthig erscheint: welche Forderung hiermit aber ausgesprochen ist, leuchtet Demjenigen ein, welcher bedenkt, daß unser ganzes neueres Theater, und namentlich seine höhere pathetische Tendenz, auf Affektation sich gründet. Wollen wir diese nun in der Befolgung der von uns auf-gestellten Grundsätze beseitigt denken, so bliebe, wie dort das didaktisch-poetische Pathos Schiller's, hier die uns so überraschende Höhe des rein leidenschaftlichen Pathos' exzentrischer Individualitäten übrig, welche unserer, an den Eindrücken des wirklichen Lebens auch noch so geübten, Fassungskraft nicht minder übernatürlich erscheinen, als jene vom Kothurn getragenen Heroen der antiken Tragödie. Auf dieses Shakespeare'sche Pathos das, im allerglücklichsten Falle nach den zuvor erörterten Voraussetzungen gelungen ausgebildete, Schiller'sche Pathos anzuwenden, müßte im Großen und Edlen zu der gleichen Verwirrung führen, zu welcher das heute gemein übliche falsche Pathos nach allen Seiten hin geführt hat.

Hier käme es nun vor Allem darauf an, das Prinzip genau zu erkennen, nach welchem Das, was wir mimisch-dramatische Natürlichkeit nennen, sich bei Shakespeare von Dem unterscheidet, was wir bei fast allen anderen dramatischen Dichtern antreffen.

Ich wage es, dieses Prinzip aus der Beurtheilung des e i n e n Umstandes abzuleiten, daß Shakespeare's Schauspieler auf einer von allen Seiten von Zuschauern umgebenen Bühne spielten, während nach dem Vorgange der Italiener und Franzosen die moderne Bühne die Schauspieler immer nur von einer, und zwar von der Vorderseite, wie die Theatercoulissen, zeigt. Hier sehen wir das, mit Misverstand der antiken Bühne nachgebildete, akademische Theater der Kunstrennaissance, in welchem die Scene durch das Orchester vom Publikum geschieden wird. Den Zuschauer, der auch auf den Seiten dieser modernen Bühne als besonders begünstigter Kunstfreund sich aufzuhalten vorzog, verwies schließlich unser Schicklichkeitssinn wieder in das Parquet, um so uns ungestört den Blick auf ein theatralisches Bild frei zu lassen, wie es von der Geschicklichkeit des Decorateurs, Maschinisten und Costümier's gegenwärtig fast zu dem Range eines besonderen Kunstwerkes erhoben worden ist.

Es ist nun von überraschender Belehrung zu ersehen, wie auf dieser neueuropäischen, der antiken mit Entstellung nachgebildeten Bühne, ein Hang zu rhetorischem Pathos, wie es von unseren großen deutschen Dichtern zum didaktisch-poetischen Pathos gesteigert wurde,

sich immer vorherrschend erhielt; wogegen auf der primitiven Volks-
bühne Shakespeare's, welche alles täuschenden Blendwerkes der
Dekorationen entbehrte, die Theilnahme sich vorwiegend dem ganz
realistischen Gebahren der spärlich verkleideten Schauspieler zuwendete.
Während das späterhin akademisch geregelte englische Theater den
Schauspielern es zur unerläßlichsten Pflicht machte, dem Publikum
unter keinen Umständen den Rücken zuzukehren, und es ihnen dafür
überließ, wie sie bei einem Abgange nach dem Hintergrunde zu es
anfangen mochten, sich mit verkehrtem Gange fortzuhelfen, bewegten
sich die Shakespeare'schen Darsteller nach jeder Richtung hin voll und
ganz, wie im gemeinen Leben, vor dem Zuschauer. Man erwäge,
welche Macht hier die Natürlichkeit des Spieles auszuüben hatte, da
es durch keine helfende Täuschung unterstützt war, sondern in jedem
Nerve des Gebahrens die wundervoll wahren und doch so unerhört
seltenartigen Gestalten des Dichters uns glaubhaft in allernächster
Nähe vorführen sollte: das höchste dramatische Pathos mußte hier
lediglich schon wegen der Unterhaltung des Glaubens an die Wahrhaftigkeit dieses Spieles eintreten, welches sonst im großen tragischen
Momente geradesweges lächerlich gewirkt haben würde. Gestehen
wir, daß wir unter solchen Umständen nur die allerungewöhnlichste
mimische Kunst uns im richtigen Sinne wirksam denken können;
nämlich die Kunst jener Genie's, von deren Proteusnatur und un-
gemeiner Kraft in der Beherrschung unserer Imagination uns jene
berühmten Anekdoten als Zeugnisse überliefert sind. Gewiß war
ihre Seltenheit der Grund für die so schnell hervortretende Reaktion
gegen dieses volksthümliche Theater und die auf ihr herrschende
dramatisch-dichterische Richtung von Seiten des gebildeten Kunst-
geschmackes; denn offenbar waren schlechte und affektirende Schauspieler in dieser nackten Nähe nicht zu ertragen, wogegen sie, in
einen entfernteren Rahmen gestellt und mit akademisch stylisirter
Rhetorik ausstaffirt, für jenen Kunstgeschmack ganz wohl erträglich
sich ausnehmen mochten.

In dieser zuletzt bezeichneten Weise gepflegt ist uns nun das moderne Theater und die auf ihm ausgeübte Schauspielkunst über= macht worden: wie dieß sich heute ausnimmt, ersehen wir; wie sich das Shakespeare'sche Drama hier anläßt, erleben wir aber ebenfalls. Hier haben wir Coulissen, Prospekte und Kostüme, in welche ver= kleidet das Drama uns als sinnlose Maskerade vorgeführt wird. So nahe dieses Drama dem deutschen Genius verwandt ist, so fern steht es doch der modernen deutschen Theaterkunst; und man wird nicht sehr irren, wenn man überhaupt der Annahme sich zuneigt, nach welcher das Shakespeare'sche Drama, wie es in der That fast das einzige, von jedem Einflusse der antikisirenden Rennaissance gänz= lich befreit erhaltene, wirkliche Originalprodukt des neueren europäi= schen Geistes war, als solches auch allein und durchaus unnach= ahmlich dasteht. Dieses Schicksal dürfte es in einem vorzüglichen Sinne mit der antiken Tragödie selbst theilen, zu welcher es andererseits eben im vollkommensten Gegensatz steht; und wir müssen uns sagen, daß, soll der verhofften reifen Entfaltung des weltrettenden deutschen Geistes ein ihm in gleicher Weise ganz eigenes Theater erwachsen, dieses ein zwischen jenen vollkommensten Gegensätzen mit nicht minderer Selbstständigkeit sich erhebendes, unnachahmliches Kunst= werk sein müßte.

Dem noch ungekannten, für diesen Fall uns aber im höchsten Grade noththuenden Genie, welches etwa unserem Theater ent= wachsen sollte, möge es überlassen bleiben, auf dem bisher von mir angedeuteten Wege das deutsche Schauspieltheater in dem Sinne zu regeneriren, daß es, auf seinen natürlichen Ausgangspunkt ohne Affektation zurücktretend, von hier aus die theils versäumten, theils durch schlimme äußere Einwirkungen zurückgedrängten, unter= brochenen und abgeleiteten Entwickelungsstufen seiner gesunden Natur, mit wachem Bewußtsein sie gleichsam nachholend, glücklich hindurchschreite, um so zu der vollen Ausbildung seiner bisher wahr= nehmbaren, guten und eigenthümlichen Anlagen zu gelangen. Wir

würden dann von ihm zu erwarten haben, daß es den Schauplatz
seiner Wirksamkeit, in welche die ideale Tendenz Schiller's glücklich
eingeschlossen wäre, in der Weise sinnig ausbilde, daß, wenn nicht
das Shakespeare'sche Drama selbst, so doch der Grundzug der diesem
Drama nöthigen Darstellungskunst, auf ihm einerseits zu deutlicher
Traulichkeit uns nahe treten könnte, während es andererseits uns
die ideale Fernsicht ermöglichte, in welcher wir die kühnsten Gestal-
tungen des originalsten deutschen Bühnenstückes, des Goethe'schen
„Faust", glücklich uns vorgeführt erkennen dürften. Welche funda-
mentale Umwandlung des heutigen Theaters, vor allem schon im
Betreff seiner architektonischen Einrichtung, wir hierbei in das Auge
zu fassen uns genöthigt fühlen, erhellt aus meinen vorhergehenden
Erörterungen; daß auf unserem modernen Halbtheater mit seiner,
nur im Bilde, en face uns vorgeführten Scene, hieran nicht zu
denken wäre, muß dem ernstlich Nachdenkenden einleuchten: von
dieser Bühne bleibt der Zuschauer gänzlich unmitwirksam in sich zurück-
gezogen, und erwartet nun dort oben, und gar endlich dort hinten,
praktische Phantasmagorien, die ihn mitten in eine Welt hinein-
reißen sollen, welcher er andererseits ganz unberührt fern bleiben
will. Daß hier schließlich nur die glücklich erregte Einbildungskraft
auch des Zuschauers die Darstellung scenischer Vorgänge erleichtern
und sogar ermöglichen kann, welche uns von allen Seiten gleichsam
umdrängen sollen; daß somit nicht von Ausführungen, sondern
nur von sinnreichen Andeutungen, ungefähr wie die Shakespeare'sche
Bühne sie für den Ort der Handlung verwendete, die Rede sein kann,
wird ersichtlich. Wie aber bereits durch eine sinnreiche Benutzung
einfach gegebener architektonischer Verhältnisse, und der hieraus sich
bildenden Annahmen, ein großer Reichthum an plastischen Dar-
stellungsmotiven erwachsen kann, dieses zeigt uns eben schon die
Shakespeare'sche Bühne, deren entfernte Nachahmung auf unserem
Theater einem geistvollen Sachverständigen eine glückliche Ausführung
der scenischen Schwierigkeiten, welche der „Sommernachtstraum" bot,

in der Weise erleichterte, daß sie hierdurch geradeswegs erst möglich
ward. Wollen wir nun, mit Hilfe der modernen Ausbildung aller
mechanischen Künste, jene einfachen architektonischen Gegebenheiten
des Shakespeare'schen Theaters uns auf das Mannigfachste bereichert
und zu Erweiterungen benutzt denken, so möchte schließlich nur
noch ein kühner Appell an die mitwirksame Einbildungskraft des
Zuschauers nöthig sein, um ihn mitten in die Zauberwelt zu ver=
setzen, in welcher vor seinen Augen „mit bedächtiger Schnelle vom
Himmel durch die Welt zur Hölle" gewandelt wird.

Dieß zu verwirklichen ist in Wahrheit die Aufgabe, welche
unserem Theater zu stellen wäre, sobald es seiner großen Dichter
würdig sich bewähren wollte. Sollte kein Genie es mehr diese Bahn
zu führen vermögen, so müßte anerkannt werden, daß unser Theater
einseitig dem Abgrunde tiefster Entartung zugewandelt sei, und die
Rettung seiner edelsten Bestimmung ihm wohl nur durch eine gänz=
liche Ableitung von dem bisherigen Wege, durch Einschlagung einer
ganz neuen, ihm dennoch aber ureigenen Richtung bestimmt sein
könne. —

Wenden wir unser Auge jetzt auf die deutsche „Oper". —

Über die Bestimmung, welche ich der Oper zuerkennen zu dürfen
glaube, habe ich mich in dem schon mehrmals erwähnten, diesem
Thema besonders gewidmeten Vortrage eingehender ausgesprochen,
wobei ich mich zuvörderst auf die Erfahrung davon stützte, daß dem
modernen Drama von je die Neigung, sich in das Opernhafte auf=
zulösen, innegewohnt habe. Indem ich für alles hierauf Bezügliche
auf das in jener Abhandlung von mir Gesagte verweise, knüpfe ich
meine sehr ernstlich gemeinten Ansprüche über die der Oper erreich=

bare Höhe ihrer Bestimmung jetzt sofort an die zuletzt erwogene charakteristische Eigenschaft der modernen Schaubühne und des Verhältnisses,
in welches der Zuschauer zu ihr gebracht ist, an. Hier ist es ersichtlich,
daß unser modernes Theater auch im Betreff seiner architektonischen
Konstruktion sich gänzlich von einer gesunden Entwickelung des sogenannten rezitirenden Schauspieles ab-, und der Oper zugewendet hat.

Unsere Theater sind Operntheater, und ihre Einrichtung ist nur
durch die Erfordernisse der Oper zu verstehen. Ihre Herkunft ruht
einzig in Italien, dem spezifischen Lande der „Oper". Hier bildete
das antike Amphitheater, mit den darüber zu Logenreihen eingerich-
teten Stockwerken des Coliseums, sich zu dem glänzenden Versamm-
lungssaale der unterhaltungslustigen reicheren Gesellschaft der Städte
aus, in welchem das Publikum vor allem sich selbst zur Augenweide
wird, und wo „die Damen, sich selbst und ihren Putz zum besten
gebend, ohne Gage mitspielen". Aber, wie hier alles Vorgeben der
Kunst von der akademisch mißverstandenen Antike herrührte, so fehlte
auch die Orchestra mit der dahinter sich erhöhenden Bühne nicht. Aus
der Orchestra erklang die Introduktion oder das Ritornel, wie ein
zum Schweigen einladender Heroldsruf; auf der Bühne erschien der
Sänger im Kostüme des Helden, trug, von den Instrumenten begleitet, seine Arie vor, und überließ mit seinem Abgange das
Publikum wieder der berauschenden Unterhaltung mit sich selbst.

Mit großer Entstellung ist in dieser Konvention doch immer noch
die Einrichtung des antiken Theaters erkennbar, von welchem wir
deutlich eben die Orchestra als Mittelglied zwischen dem Publikum und
der Bühne erhalten haben. In dieser Stellung ist die Orchestra un-
läugbar zur Vermittlerin der Idealität des Spieles auf der Bühne
bestimmt, und hierin liegt der tiefgreifende Unterschied dieses Theaters
von dem Theater Shakespeare's, in welchem die Realität des nackt
uns gebotenen Spieles durch die genialste mimische Täuschung sich
einzig in einer höheren Sphäre idealer Theilnahme von Seiten der
Zuschauer erhalten konnte. Die Orchestra des antiken Theaters ist

dagegen der eigentliche Zauberherd, der gebärende Mutterschooß des idealen Drama's, dessen Helden, wie sehr richtig bemerkt worden ist, sich auf der Bühne wirklich nur in der Fläche uns zu erkennen geben, während der von der Orchestra ausgehende und geleitete Zauber alle nur erdenklichen Richtungen, nach welchen jene dort erscheinende Individualität sich irgendwie kundgeben könnte, im erschöpfendsten Reichthume auszufüllen einzig vermögend ist. Beachten wir nun, zu welcher Bedeutung aus jenen kümmerlichen Anfängen der italienischen Oper das moderne Orchester sich entwickelt hat, so dürfen wir auf seine höchste Bestimmung für das Drama wohl Schlüsse ziehen, deren Berechtigung wir andererseits in der siegreich behaupteten Einrichtung des modernen Theaters, mit seiner anfänglich misverständlichen Nachbildung nach dem antiken Vorbilde, gegenüber dem Shakespeare'schen Schauspieltheater in überraschender Weise begründet finden. Gewiß ist es, daß in diesem modernen Theater sich das naturwüchsige neueuropäische Schauspiel in der Weise verflacht und verdorben hat, daß es der Rivalität der Oper hat weichen müssen; dort ist eben nur die theatralische Fläche, in welcher die Bühnengestalten sich zeigen, übrig geblieben, und das theatralische Pathos, welches unsere großen Dichter mit sentenziösem Inhalte, unter solchen Umständen vergeblich, zu veredeln suchten, mußte, des Zaubers der stets mitwirksamen Orchestra beraubt, nothwendig in hohle Flachheit ausarten.

Hierüber muß man sich klar werden, um die Gründe der charakteristischen Unvollkommenheiten und Schwächen des modernen Theaters verstehen zu können.

In der, vom Amphitheater fast vollständig umgebenen, antiken Orchestra stand der tragische Chor, wie im Herzen des Publikums: seine Gesänge und von Instrumenten begleiteten Tänze rissen das umgebende Volk der Zuschauer bis zu der Begeisterung fort, in welcher der nun in seiner Maske auf der Bühne erscheinende Held mit der Wahrhaftigkeit einer Geistererscheinung auf das hellsichtig gewordene Publikum wirkte. Denken wir uns nun die Shake-

speare'sche Bühne in der Orchestra selbst aufgeschlagen, so erhellt uns
alsbald, welche ungemeine Kraft der mimischen Täuschung zugemuthet werden mußte, wenn sie das Drama selbst ganz unmittelbar
vor den Augen des Zuschauers zu überzeugendem Leben bringen
sollte. Zu dieser, in die Orchestra selbst versetzten Bühne verhält
sich dagegen unsere moderne Scene wie das Theater im Theater,
von welchem Shakespeare wiederholt Gebrauch macht, indem er auf
dieser doppelt fingirten Bühne von Schauspieler spielenden Schauspielern, den Darstellern seines Drama's zunächst ein zweites Stück
vorspielen läßt. Ich glaube, dieser Zug des Dichters läßt uns auf
ein fast ganz deutliches Bewußtsein desselben von der urherkömm-
lichen Beschaffenheit der idealen scenischen Konventionen, in welchen
er sich nach zunächst überliefertem Misverständnisse und Misbrauche
bewegte, schließen. Sein Chor war zum Drama selbst geworden und
bezeigte sich in der Orchestra mit solch' realistischer Natürlichkeit, daß
er recht gut sich schließlich als Publikum selbst fühlen konnte, und
ganz in der Eigenschaft eines solchen sich über ein ihm wiederum
vorgeführtes zweites eigentliches Bühnenspiel beifällig oder misfällig,
oder auch überhaupt nur antheilvoll äußern durfte. Höchst charak-
teristisch ist hier nun das Licht, in welchem der Dichter uns dieses
zweite Theaterspiel erscheinen läßt: die „Ermordung des Gonzago"
im Hamlet zeigt uns das ganze rhetorische Pathos der akademischen
Tragödie, deren Aktoren der Dichter von der zur Hauptbühne gewordenen Orchestra selbst zurufen läßt, „das vermaledeite Gesichter-
schneiden" zu lassen. Wir glauben hier die auf das deutsche Theater
verpflanzte französische Tragédie vor uns zu haben; während das
Rüpel-Trauerspiel im „Sommernachtstraum" uns sehr gut das
neueste Pathos unserer grimmigen Original-Recken-Poeten bereits
zum Vorgeschmack bringt.

Nun hat aber der akademische Geschmack gesiegt; die hintere
Bühne mit ihren Flächenerscheinungen ist zur eigentlichen Scene
erklärt, das Drama aus der Orchestra verwiesen, und dafür sind

wirkliche Musiker in dieselbe gesetzt worden, welche von dort aus jetzt die Sänger der oben gesungenen Oper accompagniren. Welche Macht selbst das so auf die bloße musikalische Begleitung angewiesene Orchester durch seine, dem Grundzuge der theatralischen Einrichtung immerhin entsprechende Mitwirkung an der dramatischen Leistung im Ganzen hat, sollte mit dem Wachsen der Bedeutung der neueren Instrumentalmusik immer klarer werden. Es war nicht nur die überwältigende Macht des Gesanges gegenüber der nur rezitirten Rede, welche zu jeder Zeit ausgezeichnete Geister, wie endlich auch unsere großen deutschen Dichter, ernstlich auf die Oper aufmerksam machte; sondern es war dieß das ganze Element der Musik, wie es, in auch noch so dürftigen Formen, das ganze Drama durchdrang und in Wahrheit erst in die ideale Sphäre versetzte, für welche sich die sinnvollste poetische Diktion als unzureichend erwiesen hatte.

Daß die in diesem Bezug gehegten Erwartungen erst in Erfüllung gehen können, wenn die bisher anerkannten Faktoren der Oper in ihrem Verhalten zu einander bedeutend modifizirt worden sind, dieß ist es nun, worüber unsere traditionelle Ansicht sich sehr wesentlich berichtigen muß. Die Oper gab uns auf der Bühne Sänger, d. h. Virtuosen der Gesangskunst, und im Orchester eine allmählich sich verstärkende Anzahl von Instrumentisten, welche den Gesang der Virtuosen zu begleiten hatten: bei dem Wachsen der Bedeutung des Orchesters und seiner Leistungen entstand daher für die Beurtheilung des zweckmäßigen Verhältnisses beider Faktoren zu einander das Axiom, das Orchester habe das „Piedestal", der Sänger die „Statue" zu liefern, wogegen es fehlerhaft sei, das Piedestal auf die Bühne, die Statue aber in das Orchester stellen zu wollen, wie dieß durch überwuchernde Betheiligung des Orchesters geschähe. Der hier angewendete Vergleich zeigt die Misbeschaffenheit des Operngenre's auf: wo irgend von Statuen und Piedestal's die Rede sein kann, darf höchstens an die kalte Rhetorik der französischen Tragédie, oder die nicht minder kalte italienische Operngesangskunst der Kastraten des

4

vorigen Jahrhunderts gedacht werden; wenn das wirklich lebende Drama in Betracht kommt, hört aber jede Analogie mit dem Wesen der plastischen Bildnerei auf, wogegen sein gebärender Schooß in dem Elemente der Musik zu suchen ist, aus welchem das tragische Kunstwerk einzig geboren wurde. Dieses Element gewann bei den Griechen seinen plastischen Leib in dem Chore der Orchestra; und dieser Chor ist durch die Wandelungen des Kulturschicksales des neueren Europa zu dem nur noch hörbaren Instrumentalorchester, der originalsten, ja einzigen wahrhaft neuen, unserem Geiste gänzlich eigenthümlichen Schöpfung auf dem Gebiete der Kunst geworden. Somit heißt es richtig: hier das unermeßlich vermögende Orchester*), dort der dramatische Mime; hier der Mutterschooß des idealen Drama's, dort seine von jeder Seite her tönend getragene Er-scheinung. —

Und nun zurück zu unserem „Opernsänger".

Unter diesem verstehen wir gegenwärtig den eigentlichen Sänger, von welchem nie mehr ein Auftreten im rezitirenden Schauspiele ver-langt, und dem es mit Lächeln nachgesehen wird, wenn er den in der Oper etwa doch noch vorkommenden Dialog so ungeschickt spricht, wie dieß keinem Schauspieler erlaubt sein würde.

Dieß war beim Entstehen und während einer langen Zeit der Ausbildung der deutschen Oper anders; diese hatte fast den gleichen Ursprung wie das französische Vaudeville, und ward von denselben Schauspielern ausgeführt, welche zugleich jede Gattung des rezitiren-den Drama's spielten. Selbst nachdem die früheren anspruchslosen

---

*) Daß diesem seine idealisirende Wirksamkeit nur durch seine Unsichtbar-machung gesichert werden kann, ist von mir schon an anderen Orten ausge-sprochen worden.

kleineren Gesangsstücke, welche dem Singspiele seinen Namen gaben,
die bedeutende Ausdehnung der späteren Oper erhalten hatten,
blieben die Sänger zugleich, selbst für die bedeutendsten Fächer
desselben, dem Schauspiele angehörig. K. M. v. Weber übernahm
die Einrichtung einer deutschen Oper in Dresden noch unter der Mitwirkung des gleichen Personales des Schauspieles: den erst vor
Kurzem gestorbenen Schauspieler Genast sah ich zu seiner Zeit in
Leipzig in den ersten Rollen des Schauspieles wie der Oper auftreten,
und die Brüder Emil und Eduard Devrient eröffneten ihre theatralische Laufbahn noch als Sänger und Schauspieler zugleich. Für
diese sehr rühmliche Gattung von Darstellern wurden zu ihrer Zeit
die ursprünglich für italienische Gesellschaften geschriebenen Mozart'-
schen Opern in deutscher Übersetzung mit, den Rezitativen unter-
geschobenen, Dialogen eingerichtet, und diese Dialoge, der gewohnten
natürlichen Lebhaftigkeit wegen, sogar durch Zusätze erweitert. Auf
solche Weise traten auch diese Opern in die Genreordnung der Produkte der eigentlichen französischen Oper ein, welche nur übersetzt zu
werden brauchten, um mit Werken wie „Wasserträger", „Joseph" 2c.
uns, neben der „Entführung", „Don Juan" und „Figaro" unserer
Oper, ein Repertoire zu liefern, welches sehr wohl durch eine gut
kombinirte Schauspielergesellschaft unterhalten werden konnte.

Nur eine sogenannte „Coloratur-Sängerin" mußte man sich alsbald
besonders zulegen: denn hier galt es einer spezifischen Kunstfertigkeit,
deren Erwerbung und Unterhaltung alle Ausbildung der eigentlichen
mimischen Anlagen auszuschließen schien, und deßhalb einer in ihrem
Fache als solcher geschickten Schauspielerin nicht wohl zugemuthet
werden konnte. Zu ihr gesellte sich alsbald auch der „Coloratur-
Tenor", welchen man noch heute den „lyrischen" Tenor nennt, zum
Unterschiede vom „Spiel"-Tenor, welcher lange Zeit hindurch zugleich Schauspieler sein durfte. Diese beiden seltsamen Wesen, welche
vom übrigen Personale eines Theaters in einer gewissen, sowohl der
Stupidität wie der Virtuosität geweiheten Absonderung lebten, sind

nun die eigentlichen Angelpunkte der modernen Oper, und das Verderbniß namentlich der deutschen Oper geworden. — Als die fürst-
lichen Höfe ihren Luxus zu beschränken hatten, und die bis dahin
von ihnen unterhaltenen italienischen Sängertruppen entlassen
mußten, sollte das spezifische Repertoire der italienischen Oper nun
auch von deutschen Schauspielergesellschaften bestritten werden. Hier
ging es dann ohngefähr so her, wie ich es zu seiner Zeit bei der sonst
so berühmten katholischen Kirchenmusik in Dresden erlebte, als dort
die italienischen Kastraten entlassen wurden oder ausstarben, und
nun die armen böhmischen Kapellknaben die für jene gräulichen Vir-
tuosen-Kolosse berechneten Bravourstücke, von denen man nicht lassen
zu können glaubte, in kläglicher Weise verarbeiten mußten. Jetzt
sang denn die ganze Oper „Coloratur", und der „Sänger" ward ein
geheiligtes Wesen, dem man zu sprechen bald nicht mehr zumuthen
durfte: wo noch Dialog bestand, mußte er gekürzt, auf ein nichts-
sagendes Minimum reduzirt, für die Hauptpersonen aber möglichst
ganz unterdrückt werden. Was dagegen von Worten und Sprache
für den reinen Gesang übrig blieb, ward endlich zu dem Kauder-
welsch, das wir heut' zu Tage in der Oper zu hören bekommen, und für
welches man sich die Mühe der Übersetzung gänzlich ersparen dürfte,
da Niemand doch versteht, welcher Sprache es angehört.

So sehen wir in der Oper ganz dasselbe Verderbniß wie im
Schauspiele eintreten, welches näher zu charakterisiren ich an anderen
Orten mir bereits angelegen sein lassen mußte. Hörten Goethe und
Schiller, wie sie zu ihrer Zeit durch Aufführungen der „Iphigenia"
und des „Don Juan" zu ungemeinen Hoffnungen angeregt wurden,
jetzt solch' eine „Propheten"- oder „Trovatore"-Aufführung unserer
Tage, so würden sie über den früheren Eindruck als einen jetzt schnell
zu berichtigenden Irrthum jedenfalls verwunderlich lachen müssen.
Will ich dagegen meine Ansichten im Betreff einer gänzlichen Neu-
geburt dieses Opernwesens, durch welche es seiner damals geahnten
edeln Bestimmung zugeführt werden könne, jetzt Denjenigen, durch

welche sie einzig erreichbar ist, zur herzlichen Erwägung vorlegen,
so führe ich unsere Sänger zunächst eben auf den Ausgangspunkt
ihrer jetzt so entarteten Kunst zurück, dorthin, wo wir sie als wirk=
liche Schauspieler noch antreffen.

Hier wird es sich dann zeigen, wodurch unser Theatersänger
von dem italienischen Opernsänger so durchaus verschieden ist, daß
die natürliche Aufgabe beider in einander mischen zu wollen eben zu
der unsinnigen heutigen Opernsingerei führen mußte.

Die italienische Oper ist das, allerdings sonderbar ausgeschlagene,
Produkt einer akademischen Grille, nach welcher man vermeinte,
wenn man den versifizirten Dialog einer, etwa dem Seneca nachge=
bildeten, theatralischen Aktion nur in der Weise, wie es mit den
kirchlichen Litaneien geschieht, psalmodirend absingen ließe, so würde
man sich auf dem richtigen Wege auch zur Wiederherstellung der
antiken Tragödie befinden, sobald man nämlich zugleich dafür sorge,
daß Chorgesänge und Ballettänze zur gehörigen Unterbrechung ein=
träten. Der mit affektirtem Pathos, geschraubt und unnatürlich,
rezitativisch dialogisirende Sänger war demnach hier der Ausgangs=
punkt für die praktische Ausführung: da sein Psalmodiren unerträg=
lich langweilig wurde, erlaubte man ihm bald durch Produktion
seiner vom Texte endlich ganz abzulösenden Gesangskunststücke sich
und das Publikum für die unlohnende Mühe des Rezitatives zu
entschädigen; ganz so, wie dem steif antikisirenden Tänzer endlich die
Pirouette und das Entrechat zugestanden wurde. Mit sehr natür=
licher Folgerichtigkeit hat sich hieraus eine Gesangsvirtuosität aus=
gebildet, wie sie schließlich am allerbesten durch besonders hierfür
zubereitete menschliche Instrumente, als welche wir die Kastraten
anzusehen haben, kultivirt wurde. Was hat nun unser ehrlicher
deutscher Sing=Schauspieler mit diesem wunderlichen Subjekte der
italienischen Gesangskunst gemein? Möge diese Kunst unter der Pflege
vorzüglicher Meister sich selbst anmuthig und wahrhaft reizend aus=
gebildet haben, so ist sie der Anlage des Deutschen doch in jeder

Hinsicht fremd. Kann er sich sie aneigenen, so ist dieß doch nur eben dadurch möglich, daß er seine natürlichen Anlagen aufgiebt und sich italienisirt, wovon wir mancherlei Beispiele erlebt haben: aber von allem deutschen theatralischen Vorhaben ist er doch damit ausgeschieden? Ist der italienische Gesang in deutschen Kehlen möglich, so kann dieß doch nur auf Grund der zugleich angeeigneten italienischen Sprache sein; denn keine andere Sprache, als eben diese, konnte bei der Ausbildung des Gesanges eine so sinnliche Lust am reinen Vocalismus, musikalisch bezeichnet, am sogenannten Solfeggio, aufkommen lassen und unterstützen. Und diese Lust am sinnlichen Stimmtonschwelgen, wie sie sich nur im pathetischen Gesange vollständig sättigen kann, ist bei dem Italiener so groß, daß die Anlage dieses so reich begabten Volkes auch für den populäreren Styl des fast nur geplauderten Buffo=Genre's verhältnißmäßig nur äußerst spärlich gepflegt wurde, während der weinerlich dehnende und verzierende Affekt, das eigentliche Lamento des vermeintlichen tragischen Styles, selbst den genialsten Produkten auf jenem niedereren Gebiete immer vorgezogen blieb.

Einzig von Frankreich her erhielt unser deutsches Singspiel eine tauglich assimilirbare Nahrung; denn in vieler Beziehung war der Franzose von der Aneignung des italienischen Gesanges durch den Charakter seiner Sprache, wie durch die Herkunft seines auf diesen Charakter begründeten Vaudeville's, in ähnlicher Weise wie der Deutsche ausgeschlossen. Dafür war es denn auch in Frankreich, wo ein Deutscher wenigstens durch Bekämpfung des italienischen Gesangs= geistes im Betreff der „Arie“ gewisse Prinzipien der Natürlichkeit im dramatischen Gesange zu einer fast feierlichen Beachtung bringen konnte. Daß Gluck's Ausgangspunkt für seine, so angesehenen, Reformbestrebungen in der französischen „Tragédie“ liegen mußte, ließ allerdings seine Bemühungen ohne wirklichen Erfolg für die Ausbildung eines gesunden deutschen Opernstyles. Während die sogenannte „große“, nämlich die, neben Arien und Ensemblestücken, rezitativisch, also durchweg gesungene Oper, uns immer ein fremdes

Wesen blieb, bildete sich das uns eigene Element immer nur noch durch das erweiterte Singspiel aus. Und hier ist es anzufassen, namentlich sind von hier aus unsere Sänger zu geleiten, wenn wir gesund auf eigenen Füßen stehen wollen.

———

Zu allererst haben wir uns somit darüber klar zu werden, was im gesungenen deutschen Drama unter dem „Gesange" einzig zu verstehen sein kann. Die deutsche Sprache, deren wir uns nun doch einmal bedienen wollen, giebt uns diesen nöthigen Verstand deutlich genug zur Hand. Mit dieser Sprache verbunden ist der italienische „Canto" unausführbar, und wir müssen ihm, sei er auch noch so süß und reich wie er unseren Schwelgern dünken mag, durchaus entsagen. Wollen wir mit diesem Gesange noch unsere Sprache reden, so wird diese zu einem verzerrten Wuste unverständlich artikulirter Vokale und Konsonanten, welche, ohne als Sprache verstanden zu werden, wiederum jenem Gesange nur hinderlich sind und ihn entstellen.

Daß selbst nur erträgliche deutsche Sänger jetzt immer seltener werden und von unseren herrlichen Theater-Intendanten endlich mit Gold und Edelsteinen aufgewogen werden müssen, rührt nicht von einer etwa zunehmenden Unfähigkeit der Deutschen, sondern von ihrer verkehrten Abrichtung zu wiederum unsinnigen Leistungen her. Wenn ich mir jetzt Sänger für eine möglichst richtige Aufführung meiner dramatischen Arbeiten aufsuche, so ist es nicht etwa der anzutreffende Mangel an „Stimmen", was mich ängstigt, sondern die überall vorauszusetzende gänzliche Verbildung derselben in einer Vortragsmanier, welche alle gesunde Sprache ausschließt. Da unsere Sänger nicht natürlich aussprechen, kennen sie auch meistens den Sinn ihrer Reden gar nicht, und der Charakter der von ihnen zu

gebenden Rolle wird ihnen somit nur nach allgemeinen schattenhaften
Umrissen bekannt, in welchen sie sich ihnen im Lichte gewisser banaler
Operntonventionen zeigt. Bei dem hieraus entstehenden irrsinnigen
Herumtappen treffen sie dann für den Zweck des Gefallens auf nichts
Anderes, als die hie und da zerstreuten Tonaccente, auf welche sie
nun mit stöhnendem Athemzuge ihre Stimme, so gut es geht, los-
lassen, und vermeinen jetzt recht „dramatisch" gesungen zu haben,
wenn sie die Schlußnote der Phrase mit emphatischer Rekommanda-
tion an den Applaus preisgeben.

Es war mir nun fast erstaunlich zu erfahren, wie schnell ein
solcher Sänger, bei nur einiger Begabung und gutem Willen, von
dem Unsinne seiner Gewohnheiten zu befreien war, sobald ich ihn auf
das Wesentliche seiner Aufgabe in aller Kürze hinleitete. Hierfür
bestand mein nothgedrungen einfaches Verfahren darin, daß ich ihn
unter dem Singen wirklich und deutlich sprechen ließ, die Linien der
Gesangsbewegung ihm aber dadurch zum Bewußtsein brachte, daß
ich in vollkommen gleichmäßiger, ruhiger Betonung die hierfür geeigneten längeren Perioden, in welchen er zuvor mehre Male leiden-
schaftlich respirirt hatte, auf denselben einen Athem von ihm singen
ließ; worauf ich, wenn dieß gut ausgeführt war, die Bewegung der
melodischen Linie durch Anschwellung und Accent nach dem Sinn der
Rede seinem natürlichen Gefühle selbst zu leiten übergab. Hier war
es mir, als ob ich an dem Sänger die wohlthätige Wirkung der
Rückkehr einer überreizten Empfindung zu ihrer natürlichen Strömung
wahrnähme, als ob ihr zuvor unnatürlich gehetzter und gespreizter
Gang jetzt, in seine richtige Bewegungsnorm zurückgeleitet, ihm zu
einem unwillkürlichen Wohlgefühle von sich selbst geworden wäre;
und ein ganz bestimmter physiologischer Erfolg zeigte sich sofort, als
Ergebniß dieser Beruhigung, durch das Verschwinden des eigenthümlichen Krampfes, welcher unseren Sängern die sogenannten Gaumen-
töne abnöthigt, — diesen Schrecken unserer Gesanglehrer, dem sie
vergeblich durch ihre noch so sinnreichen mechanischen Zwangsmittel

beizukommen suchen, während hier nur eine einfältige Neigung zum Affektiren zu bekämpfen ist, wie sie den Sänger unwiderstehlich in Besitz nimmt, sobald er glaubt nicht mehr natürlich zu sprechen, sondern eben „singen" zu sollen, wobei er denn glaubt, es „recht schön" machen zu müssen, d. h. sich zu verstellen.

Ich glaube, daß jeder gutgeartete deutsche Sänger einer ähnlichen schnellen Heilung oder selbst Wiedergeburt fähig ist, und halte es für gänzlich vergebliche Mühe, die Künste unserer Gesangslehrer an Solche zu verschwenden, welche der von mir angedeuteten Anleitung nicht alsbald nachzukommen vermögen. Wollt Ihr den „Canto" der Italiener, so schickt Eure selten hierfür geeigneten Stimmen nach Italien! Was der Deutsche braucht, um ihn seinen natürlichen Anlagen gemäß für den, diesen wirklich entsprechenden, dramatischen Gesangstyl auszubilden, besteht in etwas ganz Anderem und von dem dort nöthig dünkenden Instruktionsapparate durchaus Verschiedenem. Denn Alles, dessen der deutsche Sing-Schauspieler (wie ich ihn hier nennen möchte) außer der Anleitung zum Wiedergewinn seiner schändlich verwahrlosten, guten Natürlichkeit im Sprechen wie im Singen bedarf, liegt einzig auf dem geistigen Gebiete der ihm nöthigen Bildung.

Unter diesem geistigen Gebiete verstehe ich nun ganz gewiß nicht die Domäne unserer Musik- und Theaterschulen, in welchen der Herr Professor mit Vorträgen über Ästhetik, Kunstgeschichte u. s. w. sich breit macht, nämlich über alle die Dinge, worüber er in verschiedenen Büchern gelesen hat um sich nun weis zu machen, er verstünde etwas davon*). Wir haben hier mit einer populären Kunstbegabung zu thun, von deren Ausbildung wir unsere doktrinären Maximen gar nicht fern genug halten können, um durch die Erfolge ihrer ganz

---

*) Wüßten unsere Fürsten, Abgeordnetenkammern und sonstigen Kunstprotektoren, denen man seit einiger Zeit die Ausstattung und Unterhaltung solider Schulen und Konservatorien zur Pflicht gemacht hat, wofür sie hiermit ihr Geld wegwerfen, so würden sie gewiß gern darein willigen, dieses lieber unseren armen, verhungernden Volksschullehrern zuzuwenden!

natürlichen Entwickelung aus ihren eigensten Instinkten erst selbst
zu erlernen, welche richtige Bewandtniß es mit dem Drama und seinen
Leistungen bei uns habe.

Es kann sich nur darum handeln, von welcher Beschaffenheit
die Aufgaben sind, welche wir den mimischen Talenten unseres
Volkes für die Ausübung ihrer Kunst vorlegen. Ist dem Schauspieler und Sänger selbst eine umfassende Bildung zu eigen, so ist dieß
desto besser für ihn, eben als gebildeten Menschen überhaupt; gar
keinen Einfluß kann diese Bildung aber auf die gesunde Ausübung
seiner spezifischen Kunst haben: das Richtige in dieser wird ihm nur
vermöge seines, durch das richtige Beispiel angeleiteten und
bestimmten, mimischen Darstellungstriebes eingegeben. Von Natur
aus Nachahmungstrieb, wird dieser zum höheren Kunsttriebe dadurch,
daß er von der Nachahmung sich zur Nachbildung hingeleitet weiß.
Als Nachahmungstrieb befriedigt er sich an den unvermittelten sinnlichen Erscheinungen des gemeinen Lebens; hier ist seine Wurzel,
ohne welche das mimische Wesen haltlos als theatralische Affektation
durch die schlechte Luft unserer ganzen affektirten Kultur dahinweht.
Diesen primitiven Trieb, durch das ihm vorgeführte Bild des über
das gemeine sinnliche Leben der Erfahrungswelt erhabenen Ideales
aller Wirklichkeit, auf die Nachbildung des Niegesehenen und Nie-
erfahrenen hinzuweisen, dieß heißt hier das Beispiel geben, welches,
wenn es deutlich und klar ausgedrückt ist, von dem Mimen, für den
es zu allernächst auf das Bestimmteste berechnet ist, am erfolgreichsten
sofort verstanden und jetzt in der Weise, wie ursprünglich die Erscheinung oder der Vorgang des realen Lebens, von ihm nachge-
ahmt wird.

Auf dieses Beispiel kommt es daher an, und im hier zunächst
berührten besonderen Falle verstehen wir darunter das Werk
des dramatischen Musikers. In diesem Betreffe müssen wir
nun erkennen, daß es eine unsinnige Forderung an unseren heutigen
Opernsänger ist, von diesem zu verlangen, er solle natürlich singen

und spielen, wenn ihm das unnatürliche Beispiel vorgelegt wird. Das Unnatürliche unserer Oper liegt nun aber in der völligen Unklarheit ihres Styles, welcher nach zwei gänzlich entgegengesetzten Seiten unentschieden dahinschwankt; und diese zwei Seiten bezeichne ich kurzweg als: italienische Oper (mit Canto und Recitativo) und: deutsches Singspiel auf der Basis des dramatischen Dialoges.

Nach dem vorangehends Nachgewiesenen hatte der Deutsche die italienische Oper vollständig sich fern zu halten, und dagegen einzig das deutsche Singspiel auszubilden. Dieß ist auch von unseren besten Tonsetzern geschehen: wir haben Mozart's „Zauberflöte", Beethoven's „Fidelio" und Weber's „Freischütz". Diesen Werken fehlt einzig, daß hier der Dialog noch nicht gänzlich Musik werden konnte. Hier war eine Schwierigkeit zu überwinden, auf deren Lösung wir erst durch große Umwege hingeleitet werden sollten, um sie endlich nur durch die ganz uns enthüllte ungeheure Fähigkeit des Orchesters zu besiegen. Jene Meister fanden für ihre rein musikalische Erfindung nur das Feld der Arie und des Ensemblesatzes vor, welches neben der Heerstraße des Dialoges ihnen überlassen und zu immer üppigerem Ausbau eingeräumt war. Hierbei geriethen sie selbst in die Versuchung, dem italienischen Canto ihre Zugeständnisse zu machen, da jene besonderen Stücke, eben in ihrer Vereinzelung, von selbst sich dem Charakter der Cabaletta u. s. w. zuneigten. Der deutsche Komponist schien den Vorwurf der Plumpheit von Seiten der Kunstliebhaber, sowie den der „Undankbarkeit" ihrer Partien von Seiten der Sänger zu fürchten, und begegnete diesen durch Konzessionen, wie sie selbst hier und da eingeflochtene Coloraturen für die Gesangsstimme ausdrücken, deren Ausführung andererseits nicht einmal seine Geschicklichkeit in einem günstigen Lichte erscheinen lassen konnte. Der Zwiespalt der ganzen Schreibart schien einzig dadurch zu beseitigen zu sein, daß das Mittel gefunden würde, auch den Dialog singen zu lassen, um hierdurch die Vereinzelung der Gesangsnummern aufzuheben, und

somit der Verführung zur undramatischen Behandlung derselben aus-
zuweichen. Jeder Versuch, das eigentliche Rezitativ auf unseren
Dialog anzuwenden, mißglückte, und Weber verdankte ihm den
befremdenden Eindruck seiner „Euryanthe" auf das Publikum. Die
größere Gewöhnung an den durchkomponirten und rezitativisch vor-
getragenen Dialog verdanken wir seither dem besonderen Auf-
schwunge, welchen die große französische Oper zu nehmen schien:
diese beschenkte uns mit einigen ungemein eindrücklichen Werken, in
welchen das Rezitativ mit bisher ungewohntem Feuer vorgetragen,
sowie von reicherer Begleitung des Orchesters unterstützt, alle Gewöhnungen überwand; so daß von jetzt an auch für unsere Komponisten es zum Ehrenpunkte ward, ihre Textbücher in allen Theilen,
wie man es nannte, „durch" zu komponiren. Unvermerkt verfielen
wir so in das gänzlich undeutsche Rezitativ, mit den besonderen Merk-
malen, daß sein Styl nun der französischen Rhetorik entlehnt war,
und auch die deutsche Sprache in ihm nach einem Schema behandelt
wurde, welches deutlich den schlechten Übersetzungen aus dem Französischen entnommen war. —

Es muß mir nun erlaubt sein, an meinen eigenen Arbeiten die
Phasen der Entwickelung aus dem soeben bezeichneten Styllabyrinthe
zu einem einzig gesunden deutschen Style, wie er wenigstens meinem
Gefühle von der Sache aufgegangen ist, nachzuweisen, da mir an den
Werken meiner opernkomponirenden deutschen Zeitgenossen derselbe
Nachweis bisher noch undeutlich geblieben ist.

————

Was den deutschen Musiker beim Anblicke der Oper in steter
Befangenheit erhalten mußte, war ihre Theilung in zwei Hälften,
in eine dramatische und eine lyrische, von welcher nur die zweite für

ihn bestimmt war; wodurch er darauf gebracht werden konnte, den
ihm zugewiesenen Antheil durchaus nur im Sinne seiner besonderen
Kunst, d. h. nach einem formellen Schema, welches von der dramatischen Lebhaftigkeit gar nicht berührt war, auszubeuten und
auszuschmücken. So sah Weber, nachdem er die höchst dramatische
Scene der Anwerbung des Max durch Kaspar vermöge des ihm
aufgedrungenen verhängnißvollen Freischusses, dem rezitirten Dialoge
hatte überlassen müssen, sich, um der großen Aufregung der Situation einen Ausdruck zu geben, auf die Komposition weniger Verszeilen
für eine Arie des höllischen Verführers angewiesen, was ihn natürlich
verleiten mußte, dem ganzen Unsinne der monologischen Arie durch
dramatisch höchst ungeeignete Ausdehnung im rein musikalisch-effekt-
vollen Sinne beizukommen; weßhalb er denn auch die, so vielen
Komponisten schicklich dünkende, Coloratur auf „Rache“ hier nicht
unangewandt lassen zu dürfen glaubte. Die vorangehende größere
dialogische Scene ward nun für die spätere Pariser Aufführung der
Oper von Berlioz im französischen Rezitativ-Style durchkomponirt,
wobei es sich denn deutlich zeigte, wie gänzlich ungeeignet der leben-
volle deutsche Dialog für diese Behandlung war, und mir wurde es
namentlich ganz ersichtlich, daß auf diese dialogische Scene nicht das
übliche, wenn auch noch so belebte Rezitativ, sondern eine ganz andere musikalische Durchführung hätte angewandt werden müssen,
nach welcher der Dialog selbst in einem solchen Sinne zur Musik erhoben worden wäre, daß der Anhang einer spezifischen Gesangsarie,
wie hier die Kaspar's, auch für das musikalische Bedürfniß als gänzlich unnütz erscheinen mußte Die Erhebung des dramatischen Dialoges zu dem eigentlichen Hauptgegenstande auch der musikalischen
Behandlung, wie er für das Drama selbst das Allerwichtigste und
in Wahrheit Theilnahmfesselndste war, mußte dem zu Folge auch die
rein musikalische Struktur des Ganzen bestimmen, in welcher somit
das bisher zwischen den Dialog eingeschobene besondere Gesangs-
stück als solches gänzlich zu verschwinden hatte, um dagegen mit

seiner musikalischen Essenz im Gewebe des Ganzen ununterbrochen jeder=
zeit enthalten, ja zu diesem Ganzen selbst erweitert zu sein. Um das hier
Gemeinte an dem angezogenen Beispiele aus dem Freischützen deut=
licher zu machen, haben wir uns etwa vorzustellen, welche Verwen=
dung und Verwerthung der musikalischen Bestandtheile des voran=
gehenden Trinkliedes und der abschließenden Arie des Kaspar
Weber geglückt sein, wie bedeutend er sie erweitert und durch neue
Fügungen bereichert haben würde, wenn er sie zu einer musikalischen
Ausführung der ganzen dazwischen liegenden dialogischen Scene
verarbeitet hätte, und zwar, ohne ein Wort dieses Dialoges, etwa
um seines opernhaften, ariosen Verbrauches willen, zu ändern oder
auszulassen. Nehmen wir an, Weber würde sich hierzu durch irgend=
welche Nöthigung veranlaßt, und besonders auch die Aufgabe sich
zugetheilt gesehen haben, das Orchester nicht in der Weise eines Re=
zitatives den Dialog eben nur begleiten, sondern im symphonischen
Style diesen Dialog so tragen zu lassen, daß es ihn ununterbrochen
durchdringe, wie das Blut die Adern des Leibes durchdringt, der
nach außen als gerade so oder anders, als leidenschaftlicher oder
ruhiger, trauriger oder heiterer, entschlossener oder zögernder
Mensch sich darstellt; und wollen wir hierzu aus vielen Analogien,
wie sie die Weber'sche Charakteristik musikalischer Motive, z. B. in den
Schlußscenen des letzten Aktes der Euryanthe, uns liefert, ent=
nehmen, in welcher ungemein treffenden und ergreifenden Art das
Orchester unsere Mitempfindung für die, im richtig accentuirten
Dialoge sich vor unseren Augen entwickelnde, Situation jeden
Augenblick thätig erhielte, ohne aufzuhören zugleich als ein künst=
lerisch wohlgebildetes, reines Tongewebe uns zu ergetzen, — so
dürften wir mit dieser einen Scene dem herrlichen Tondichter ein be=
reits erfülltes Ideal der dramatischen Kunst zu verdanken haben.

Die Möglichkeiten, welche hier Weber sich noch verbargen,
aufzusuchen, darin bestand der instinktive Drang, der mich im Ver=
laufe meiner Entwickelung bestimmte, und ich glaube den Punkt, bis

zu welchem ich in ihrer Auffindung gelangte, am deutlichsten kenntlich zu machen, wenn ich des einen Erfolges gedenke, daß ich meine
dramatischen Gedichte mit der Zeit bis zu einer solchen dialogischen
Ausführlichkeit ausbilden konnte, daß Der, dem ich sie zuerst mit-
theilte, mir nur seine Verwunderung darüber ausdrückte, wie ich dieß
ganz vollständig dialogisirte Theaterstück nun auch noch in Musik
setzen können würde; wogegen dann andererseits mir wieder zugestanden werden mußte, daß die endlich gerade zu diesen Gedichten
entstandenen Partituren einen bisher nicht gekannten ununter-
brochenen musikalischen Fluß aufzeigten. Jeder Art Widerspruch
ward in der Beurtheilung dieses künstlerischen Phänomen's laut:
gerade an der stets gleichen Ausgeführtheit meines Orchesters
glaubte man sich ärgern zu dürfen; denn, so hieß es, nun habe ich
die Bildsäule vom Kopf bis zum Fuß in das Orchester gestellt, und
auf der Bühne laufe nur noch das Fußgestell herum, wodurch ich denn
den „Sänger" gänzlich todt gemacht hätte. Dagegen ereignete es
sich wiederum, daß gerade unsere Sänger, und zwar die besten, eine
große Zuneigung für die von mir ihnen gestellten Aufgaben ge-
wannen, und endlich so gern „in meinen Opern sangen", daß ihre
vorzüglichsten und vom Publikum am wärmsten aufgenommenen
Leistungen daraus hervorgingen. Ich habe nie mit einem Opernpersonale zu innigerer Befriedigung verkehrt, als bei Gelegenheit
der ersten Aufführung der „Meistersinger". Hier fühlte ich mich am
Schlusse der Generalprobe gedrängt, einem jeden der Mitwirkenden,
vom ersten der Meister bis zum letzten der Lehrbuben, meine unvergleichliche Freude darüber auszudrücken, daß sie, so schnell jeder
opernhaften Gewöhnung entsagend, mit der aufopferndsten Liebe
und Hingebung sich eine Darstellungsweise zu eigen gemacht hatten,
deren Richtigkeit in dem Gefühle eines Jeden wohl tief begründet
lag, jetzt aber, da sie ihnen ganz kenntlich geworden war, auch so
willig von ihnen bezeugt werden durfte. Bei meinem Abschiede
konnte ich ihnen somit die hierdurch wiederum in mir lebendig gewor-

dene Überzeugung aussprechen, daß, wenn das Schauspiel wirklich durch die Oper verdorben worden sei, es jedenfalls nur durch die Oper wieder aufgerichtet werden würde.

Und zu so kühner Zuversicht in meinem Ausspruche durften gerade diese „Meistersinger" mich verleiten. Das, was ich zuvor als das unseren Darstellern zu gebende „Beispiel" bezeichnete, glaube ich mit dieser Arbeit am deutlichsten aufgestellt zu haben: wenn einem witzigen Freunde es dünkte, mein Orchestersatz käme ihm wie eine zur Oper gewordene unausgesetzte Fuge vor, so wissen wiederum meine Sänger und Choristen, daß sie mit der Lösung ihrer so schwierigen musikalischen Aufgabe zur Aneignung eines fortwährenden Dialoges durchgedrungen waren, der ihnen endlich so leicht und natürlich fiel, wie die gemeinste Rede des Lebens; sie, die zuvor wenn es „Opersingen" hieß, sofort in den Krampf eines falschen Pathos' verfallen zu müssen glaubten, fanden sich jetzt im Gegentheile angeleitet, mit getreuester Natürlichkeit rasch und lebhaft zu dialogisiren, um erst von diesem Punkte aus, unmerklich, zu dem Pathos des Rührenden zu gelangen, welches dann zu ihrer eigenen Überraschung Das wirkte, was dort den krampfhaftesten Anstrengungen nie gelingen wollte.

Darf ich mir somit das Verdienst zusprechen, durch die musikalischen Zeichen meiner Partitur dem Sänger die richtigste Anleitung zu einer natürlichen dramatischen Vortragsweise, wie sie selbst dem rezitirenden Schauspieler gänzlich verloren gegangen ist, gegeben zu haben, so habe ich, zur Erklärung der besonderen Eigenschaften gerade meiner neueren Partituren, wiederum darauf aufmerksam zu machen, wie die bis hierher ungewohnte Ausführlichkeit derselben eben nur von der Nöthigung zur Auffindung jener richtigen Bezeichnung des durchaus natürlichen Vortrages des Sängers eingegeben ward. —

Es war noch nicht die etwa geglückte Lösung des hier zuletzt bezeichneten Problems, dem ich den Erfolg meines „Tannhäuser" auf

den deutschen Theatern verdankte: ich glaube bescheiden anerkennen
zu müssen, daß dieser bisher nur noch auf einem Gefallen an lyrischen
Details beruhte, während mir bei den von mir gekannten Auf=
führungen dieser Oper stets noch der, in einem gewissen Sinne be=
schämende, Eindruck verblieb, den „Tannhäuser", wie ich mir ihn
gedacht, gar nicht zur Darstellung gebracht zu sehen, sondern nur
Dieß und Jenes aus meiner Partitur, von welcher das Meiste,
nämlich eben das Drama, als überflüssig bei Seite gelassen wurde.
Für dieses Übel will ich das geistlose Befassen unserer Opernfaktoren
mit meinem Werke nicht einzig verantwortlich machen, sondern nach
meinen, gerade hieran gewonnenen Erfahrungen, eingestehen, daß
ich das, zuvor näher charakterisirte „Beispiel" in dieser Parti=
tur noch nicht deutlich und bestimmt genug vorgezeichnet hatte.
Hier konnte nur noch das ganz individuelle Genie des Dar=
stellers ergänzen, welches somit von sich aus das „Beispiel" hätte
geben müssen, welches selbst aufzustellen ich mich fortan genöthigt
fühlte.

Wer nun vermeinen wollte, daß ich hiermit durch minutiöse Vor=
zeichnung in mechanischer Weise die Lebhaftigkeit der genialen Dar=
stellung im Voraus zu bestimmen im Sinne hätte, den verweise ich,
um über seine hier unterlaufende Verwechselung des Natürlichen mit
dem Affektirten sich aufzuklären, eben an die Wirkung der Zeichen
meiner Partituren auf den Vortrag sowohl der Musiker wie der
Sänger, welche mit richtigem Instinkte in ihnen gerade nur das
Bild erkennen, welches ich ihnen zur Nachbildung vorhalte. Es ist
der ungemeinen Verflachung unserer Kritik gerade auf diesen Gebieten
recht natürlich, an der Komplizirtheit des für die Vorzeichnung jenes
Bildes verwendeten technischen Apparates, wie er in jenen Partituren
vorliegt, sich zu stoßen, da eine oberflächlichere Zeichnung, wie sie
vermeinen, dem darstellenden Sänger die schicklichere Freiheit lassen
sollte, sich seinen besonderen Inspirationen zu überlassen, welche
Freiheit ihm durch meine, als peinlich angesehenen Vorrichtungen

benommen würde. Es ist dieß gewiß dasselbe, wenn auch zu Zeiten etwas verkleidete Urtheil welches an der antiken Tragödie mit seiner metrischen und choregraphischen Überfülle Ärgerniß nimmt, und elbst die antiken Stoffe sich in dem nüchternen Gewande der beliebten poetischen Jamben-Diktion unserer modernen Dichter vorgeführt wünscht. Wem aber jener uns überreich dünkende choregraphische Apparat verständlich geworden ist, wer Das, was wir jetzt nur als litterarisches Monument noch übrig haben, aus dem Geiste der uns verloren gegangenen tönenden Musik selbst sich zu erklären weiß, und von der Wirkung des durch ihren Zauber jetzt heraufbeschworenen, durch Maske und Kothurn aus jener nöthigen Ferne sich als solchen uns kenntlich machenden, tragischen Helden eine lebendige Vor- stellung machen kann, der wird auch begreifen, daß das Werk des dramatischen Dichters fast mehr auf seiner Leistung als Choregraph und Chorege, als selbst auf seiner rein poeti schen Fiktionskraft be- ruhte. Alles was der Dichter in jener Eigenschaft erfindet und auf das Ausführlichste anordnet, ist die genaueste Verdeutlichung des von ihm bei der Konzeption ersehenen Bildes, welches er nun der mimischen Genossenschaft zur Nachbildung im wirklich dargestellten Drama vorhält. Hiergegen bezeichnet es den Verfall des Drama's, vom Eintritte der sogenannten neueren Attischen Komödie an bis auf unsere Tage, daß ein platterer Stoff in flacher Ausführung dem individuellen Belieben des Mimen, des eigentlichen „Histrionen" der Römer, vom Dichter überlassen ward; daß der Mime hierbei mit dem Dichter zugleich entartete und herabsank, ist ebenso gewiß, als daß jener sich nur wieder erhob, als der wahre Dichter sich ihm von neuem zugesellte, und das Vorbild ihm deutlich aufzeichnete, wovon in den Dramen Shakespeare's uns ein Beispiel vorliegt, und zwar mit einem als Litteraturprodukt nicht minder unbegreiflichen Kunst- werke, als jene antiken Tragödien es sind.

Ein gleich unbegreifliches Kunstwerk liegt uns Deutschen in Goethe's Faust noch als ungelöstes Räthsel vor. Es ist, wie ich

dieß schon oben betonte, ersichtlich, daß wir in diesem Werke die kon-
sequenteste Ausbildung des originalen deutschen Schauspieles besitzen:
vergleichen wir es mit den größten Schöpfungen des neueren Drama's
aller Nationen, des Shakespeare'schen mit eingeschlossen, so zeigt sich
in ihm eine nur ihm zugehörende Eigenthümlichkeit, welche es jetzt
aus dem Grunde für theatralisch unausführbar gelten läßt, weil das
deutsche Theater selbst die Originalität seiner Ausbildung schmählich
aufgegeben hat. Nur wenn diese noch nachgeholt werden könnte,
wenn wir ein Theater, eine Bühne und Schauspieler hätten, welche
uns dieses deutscheste aller Dramen vollständig richtig zur Darstellung
brächten, würde auch unsere ästhetische Kritik über dieses Werk in das
Reine kommen können; während jetzt den Koryphäen dieser Kritik
es noch erlaubt dünken darf, z. B. über den zweiten Theil des „Faust"
parodistische schlechte Witze zu reißen. Wir würden dann erkennen,
daß kein Theaterstück der Welt eine solche scenische Kraft und An-
schaulichkeit aufweist, als gerade dieser (man möge sich stellen wie
man wolle!) immer noch ebenso verketzerte als unverstandene zweite
Theil der Tragödie. Und dieses Werk, welches in dem plastischen
Geiste des deutschen Theaters wurzelt, wie kein anderes, mußte von
dem Dichter wie in die leere Luft geschrieben werden: die einzigen
Zeichen, mit denen er das von mir gemeinte Beispiel oder Vorbild
firiren konnte, waren gereimte Verszeilen, wie er sie zunächst der
rohen Kunst unseres alten Volksdichters, Hans Sachs, entnahm.
Wenn wir nun aber aus einem Zeugnisse ersehen wollen, zu welcher
allerhöchsten Idealität in dem schlichtesten deutschen Volkselemente
der Keim lag, sobald es eben vom berufenen treuen Geiste ausgebildet wurde, so haben wir nur auf diesen Wunderbau zu achten,
den Goethe auf jenem sogenannten Knittelverse aufführte: er scheint
diese Grundlage vollendetster Popularität nie zu verlassen, während
er sich auf ihr bis in die höchste Kunst der antiken Metrik schwingt,
Glied um Glied mit Erfindungen einer selbst von den Griechen ungekannten Freiheit ausfüllend, vom Lächeln zum Schmerz, von der

wildesten Derbheit zur erhabensten Zartheit hinüber leitend. Und diese Verse, deren Sprache die deutscheste Natürlichkeit ist, können unsere Schauspieler nicht sprechen!

Könnten sie sie vielleicht singen? —

Etwa mit italienischem „Canto"? —

Gewiß war hier etwas zu erfinden, nämlich; wie eine Gesanges-Sprache zu ermöglichen sei, in welcher eine ideale Natürlichkeit an die Stelle der zur unnatürlichen Affektation gewordenen Rede unserer, durch eine undeutsche Rhetorik verdorbenen, Schauspieler träte; und mich dünkt es, als ob unsere großen deutschen Musiker uns hierzu die Wege geleitet hätten, indem sie uns den durch eine unerschöpfliche Rhytmik belebten Melismus an die Hand gaben, vermöge welches das mannigfaltigste Leben der Rede in bestimmtester Weise fixirt werden konnte. Wohl dürfte das durch ihre Kunst bestimmte Vorbild dann wie eine der „Partituren" sich ausnehmen, welche allerdings ebenfalls ein Räthsel für unsere ästhetische Kritik bleiben werden, bis sie etwa einmal ihren Zweck erfüllt haben, nämlich einer vollendeten dramatischen Aufführung als technisch fixirtes Vorbild gedient zu haben. —

Aber dieses Vorbildes eben bedarf die mimische Kunst, und in seiner ausgeführtesten Deutlichkeit beruht die Kraft, mit welcher es auf den mimischen Nachahmungstrieb zu wirken hat, um ihn zur idealen Nachbildungskunst zu erheben. Somit sind wir mit dieser Bestimmung auf dem Punkte angekommen, von welchem aus die Natur des Mimen, welcher hauptsächlich diese Untersuchungen über Schauspieler und Sänger galten, selbst in allernächste Betrachtung gezogen werden muß, wenn die künstlerische wie soziale Stellung dieser wichtigsten Faktoren des Drama's und des ihm gehörenden Theaters richtig bestimmt werden soll. —

Es ist ebenso unsinnig, von dem Schauspieler und Sänger zu
verlangen, daß er das falsche Machwerk eines affektirten Litteratur-
poeten oder Musikers durch seine Darstellung zu dramatischer Wahrhaftigkeit und Natürlichkeit erheben solle, als es thörig ist, bei ihm
überhaupt rein produktive Kraft voraussetzen zu wollen. Sein
ganzes Wesen ist Reproduktivität, deren Wurzel wir als den Trieb
zur möglichst täuschenden Nachahmung fremder Individualitäten
und ihres Benehmens in den Vorgängen des gemeinen Lebens erkennen. Wenn wir die Anleitung dieses Triebes zur Darstellung
des über die gemeine Lebenserfahrung hinausliegenden, somit idealen
Lebensgebildes einzig dem dramatischen Dichter vorbehalten wissen
dürfen, so sprechen wir hiermit Alles aus, was über die Würde der
mimischen Kunst zu sagen ist, welche fälschlich bereits in eine Erhebung des Mimen-Standes zur staatsbürgerlichen Respektabilität
gesetzt wurde.

Was der Mime außerhalb seiner Kunst noch ist, ob ein gebildeter
oder unwissender, ein rechtschaffener, ordentlicher, oder leichtsinniger
und lüderlicher Mensch, hat mit Dem, was er innerhalb seiner Kunst
ist, nichts gemein; begegnet es Professoren, daß sie sich betrinken und
prügeln, so kann dieß noch viel eher bei Schauspielern vorkommen,
und jener Markgraf von Bayreuth, welcher sich von einem auf der
Treppe ihrer Herberge betrunken angetroffenen Hanswurste ab-
schrecken ließ, neben seinen Liebhabereien für französisches Theater
und italienische Oper sich über den Zustand einer deutschen Schau-
spielertruppe zu unterrichten, mag von uns als verwöhnter Herr
entschuldigt werden, wenngleich wir seinem Sinne für die mimische
Kunst keinen besonderen Ernst zusprechen können. Hiergegen bin
ich, nach allen vorangegangenen Erörterungen, hoffentlich aber auch
vor dem Anscheine bewahrt, als wollte ich der verzweifelten Vorliebe
jenes früher von mir erwähnten Theaterdirektors für das Befassen
mit dissoluten Komödiantenbanden mich anschließen: es hat sich erwiesen, daß hier der Dichter, um zur Einwirkung zu gelangen, noth-

wendig selbst zum Komödianten werden mußte. Immerhin ist anzunehmen, daß, wer den Beruf zum dramatischen Dichter in sich
fühlt, gerade an der niedrigsten Sphäre des Schauspielerwesens
nicht hochmüthig vorübergehen sollte: hier, wo der Mime seinen
Hauswirth, den Bierzapfer, den Polizeikommissarius, und wen ihm
sonst der schwierig zu durchlebende Tag vorführte, täuschend nach-
ahmt, um des Abends für alle Noth sich zu rächen, während er euch
damit gut gelaunt zu unterhalten scheint, — hier hat der Dichter ungefähr Das zu erlernen, was Shakespeare erlernte, ehe er die armen
Komödianten zu Königen und Helden umschuf. Ihr wisset, ein
Puppenspiel gab Goethe seinen „Faust" ein!

Bleiben wir bei der Ansicht, daß die Würde, zu welcher jenes
Mimenwesen zu erheben ist, ihm einzig durch die Vertauschung des
von ihm nachzuahmenden Vorbildes, vermöge der Versetzung
desselben aus der gemeinen, sinnlichen Lebenserfahrung in die
Sphäre der idealen Weltanschauung, verliehen werden kann, so ist
allerdings anzunehmen, daß mit dieser Versetzung der Mime selbst
auch in einen neuen sozialen Zustand eintritt.

Diesen bezeichnet Ed. Devrient in seinem früher bereits erwähnten Buche recht schicklich, wenn er von dem Schauspieler die
ächt republikanische Tugend der Selbstverläugnung fordert.

Im Grunde ist hierunter eine bedeutende Erweiterung derjenigen Anlagen verstanden, welche den mimischen Trieb selbst aus-
machen, da dieser zunächst nur als, fast dämonischer, Hang zur
Selbstentäußerung zu verstehen ist. Hier würde es nun darauf
ankommen, zu wessen Gunsten und um welches Gewinnes willen
der Akt dieser an sich so seltsamen Selbstentäußerung vor sich geht;
und hier ist es, wo wir vor einem völligen Wunder, wie vor einem
Abgrunde stehen, welches uns kein eigentliches Bewußtsein mehr er-
leuchtet, weßhalb eben hier der Fokus anzunehmen ist, aus welchem
— je nach einem fraglichen Entscheide — das wunderbarste Gebilde
der Kunst oder das lächerlichste der Eitelkeit hervorgehen kann.

Soll angenommen werden, daß eine wirkliche Entäußerung unseres Selbstes uns möglich ist, so müssen wir bei diesem Vorgange zunächst unser Selbstbewußtsein, somit unser Bewußtsein überhaupt als außer Thätigkeit gesetzt uns vorstellen. In Wahrheit scheint der durchaus geniale, vollendete Mime bei jenen Akten der Selbstentäußerung das Bewußtsein von sich in einem Grade aufzuopfern, daß er es in einem gewissen Sinne auch im gemeinen Leben nicht, oder wenigstens nie vollständig wiederfindet. Hiervon überzeugen wir uns deutlich durch einen Einblick in die Überlieferungen, welche uns das Leben Ludwig Devrient's aufbewahren, und aus denen es uns ersichtlich wird, daß der große Mime außerhalb des Zustandes jener wunderbaren Selbstentäußerung in zunehmender Bewußtlosigkeit sein Leben zubrachte, ja daß er der Wiederkehr des Selbstbewußtseins mit zerstörender Gewaltsamkeit durch Berauschung vermittelst geistiger Getränke entgegenwirkte. Offenbar bezog sich daher das eigentlich schmeichelnde Lebensbewußtsein dieses ungewöhnlichen Menschen auf jenen wunderbaren Zustand, in welchem er sein eigenes Selbst gänzlich mit dem anderen des von ihm dargestellten Individuums vertauscht hatte, und von dessen Gewaltsamkeit man sich einen Begriff machen kann, wenn man bedenkt, daß hier eine gänzlich objektlose Imagination seine Person bis in jede Muskel seines Leibes hin so beherrscht, wie es sonst nur der durch reale Motivation angeregte Wille an sich selbst bewirkt.

„Was ist ihm Hekuba?" — fragt Hamlet, als er den Schauspieler von dem Traumbilde der Dichtung auf das Wahrhaftigste ergriffen sah, während er selbst der realsten Aufforderung zum Handeln gegenüber sich als „Hans den Träumer" fühlt.

Wir müssen erkennen, daß wir vor einem Exzesse derjenigen Urkraft stehen, welcher überhaupt alles dichterische und künstlerische Wesen entsprießt, dessen wohlthätigste und der Menschheit dienlichste Produkte wir fast nur einer gewissen Abschwächung, wenigstens Mäßigung in ihren Äußerungen verdanken. Kommen wir daher zu

dem Schlusse, daß wir die höchsten Kunstschöpfungen des mensch-
lichen Geistes der so überaus seltenen geistigen Begabung verdanken,
die zu jener Fähigkeit zur vollständigen Selbstentäußerung noch die
klareste Besonnenheit verleiht, vermöge welcher auch der Zustand der Selbstentäußerung in demselben Bewußtsein sich spiegelt,
welches bei dem Mimen völlig depotenzirt wird.

Durch jene Fähigkeit zur Selbstentäußerung zu Gunsten eines
Bildes der bloßen Anschauung, ist somit der Dichter dem Mimen
urverwandt, während er durch diese andere der klaresten Besonnenheit zu dessen Meister wird. Mit seiner Besonnenheit und seinem
deutlichen Bewußtsein tritt der Dichter für den Mimen ein, und
hierdurch gewinnt ihr gegenseitiger Verkehr jene unvergleichliche
Heiterkeit, von welcher nur große Meister in ihrem Umgange mit
dramatischen Darstellern wissen, während der gemeinigliche Verkehr
der heutigen Schauspieler und Sänger mit ihren scheinbaren Vorge-
setzten jenen nüchternen Ernst der pedantischen Stupidität aufweist.
Die hier gemeinte Heiterkeit ist aber zugleich das glückliche Element,
welches den wahrhaft begabten Mimen über dem Abgrunde erhält,
an den er vermöge seines übernatürlichen Hanges zur Selbstentäußerung bei der Ausübung seiner Kunst sich gedrängt fühlt. Wer
sich an diesen Abgrund versetzen kann, wird mit Grausen inne werden, daß es sich hier um ein Spiel mit der eigenen Persönlichkeit
handelt, welches im geeigneten Momente in hellen Wahnsinn um-
zuschlagen drohen kann; und hier ist es eben jenes Bewußtsein des
Spieles, welches für den Mimen in der Weise befreiend eintritt, wie
den Dichter das Bewußtsein von seiner Selbstentäußerung zu der
höchsten schöpferischen Besonnenheit leitet.

Jenes befreiende Bewußtsein des Spieles ist es, welches dem
genialen Mimen das kindliche Wesen verleiht, durch das er sich so
liebenswürdig sowohl vor seinen unbegabteren Genossen, als
auch vor seiner ganzen bürgerlichen Mitwelt auszeichnet. Die
einnehmendsten und zugleich belehrendsten Erfahrungen hierüber

war mir seiner Zeit durch den näheren künstlerischen Verkehr mit der
herrlichen Wilhelmine Schröder-Devrient zu machen gestattet, an deren Beispiele überhaupt ich alle meine Ansichten über
edles mimisches Wesen verdeutlichen möchte. Durch diese wunderbare Frau ist mir der rettende Zurücktritt des in vollster Selbstentäußerung verlorenen Bewußtseins in das plötzliche Innewerden des
Spieles, in welchem sie begriffen war, in wahrhaft überraschender
Weise bekannt geworden. In einer der aufregendsten Scenen,
während welcher sie alle Zuhörer in jenes nahe an das Schrecken
streifende Staunen der theilnahmvollsten Entrücktheit fest bannte,
hatte sie für einen Augenblick die Bühne zu verlassen, um sofort
wieder dahin zurückzukehren: diese wenigen Sekunden benutzte sie zu
einer Äußerung des übermüthigsten Scherzes an ihren alten Lehrer,
welchem sie das Taschentuch, womit dieser sich die Thränen der Ergriffenheit trocknete, mit lustiger Heftigkeit entriß, um ihre eigenen
Thränen abzuwischen, worauf sie das Tuch ihm mit dem Verweise:
„Was hast du Alter zu weinen? Das laß' meine Sache sein!"
zurückwarf, um nun hastig wieder auf die Scene zu stürzen, und dort
sich in den herzzerreißenden Ausruf zu ergehen: „Was hab' ich
geseh'n!"

Einem solchen Auftritte gegenüber dürfte der Unverständige
sich leicht dazu veranlaßt halten, den Vorgang auf der Scene, durch
welchen die Künstlerin uns Alle in die höchste Ergriffenheit versetzte,
als ein lügnerisches Gaukelspiel von abgefeimtester bewußter Verstellung zu beurtheilen; wogegen er nun wieder sehr verwundert
sein würde zu erfahren, wie unmöglich es war, durch irgend einen in
das gemeine Bewußtsein tretenden Zwischenfall die Darstellerin
ihrer persönlichen Selbstentäußerung zu entfremden. Selbst ihr ge-
wöhnliches Loos, sich solchen Mitspielern gegenüber zu befinden,
welche nie aufhörten in ihrer eigenen lächerlichen Person vor ihr zu
stehen und sich zu bewegen, änderte hierin nichts; vermochte sie sich
außer der Scene in den leidenschaftlichsten Klagen über dieses Loos

zu ergehen, so war nie eine Rückwirkung davon an ihr zu gewahren, sobald sie mit dem Betreten der Bühne begeistert in die Noth sich gefügt hatte. Als „Desdemona" faßte sie, auf den Knieen liegend, mit der todesernsten Frage: „Kannst du dein Kind verstoßen?" den Saum des Gewandes ihres Vaters, wovor der ehrliche Bassist, welcher diesen vorzustellen hatte, dermaßen in Furcht und Schrecken gerieth, daß er hastig seinen Mantel an sich zog und zurückwich; der lächerliche Eindruck hiervon sprach sich durch eine Bewegung des ganzen Publikums aus, nur in den Minen der Künstlerin war nicht eine Spur davon zu lesen: nicht ein Wimperzucken flog über den unsäglich ausdruckvollen Blick, welcher den armen „Brabantio", der seinem Kinde ungerührt zu fluchen hatte, in hasenhafte Flucht schlug.

Wer kennt nicht das Benehmen unserer Primadonnen in einem sogenannten Finalesatze, in welchem die Sänger, vom Chore flankirt, vor uns aufgereiht stehen, während keiner von ihnen weiß, was der andere singt oder sonst vornimmt? Ich verfolgte die Schröder-Devrient in ihrem Verhalten zu dem letzten Finale des „Freischütz", und versichere, nie eine erhabenere Meinung von der dramatischen Darstellungskunst gewonnen zu haben, als in dieser ziemlich banalen Scene des üblichen Denouement's eines Opernsüjets, in welcher „Agathe" nur zweimal, fast episodisch, sich vernehmen läßt, und, auf einem Rasensitze festgebannt, an der Handlung einen durchaus nur leidenden Antheil nimmt. Aber in diesem leidenden Antheile des vom Todesschreck zu den qualvollsten Erfahrungen erwachenden, endlich durch schwankende Übergänge zum Aufleben der beglückendsten Hoffnungen geleiteten Seele des liebenden Mädchens, in dem letzten Blicke, den sie auf den zur Bestehung seines Probejahres von ihr scheidenden Geliebten heftete, drückte sich eine Poesie des Drama's aus, von der wir Alle keinen Begriff hatten, und die wir doch jetzt in den so oft schmählich vor uns abgespielten Tonsätzen gerade dieses, so langweilig und undramatisch erscheinen-

den „Finale's", auf das Rührendste ausgesprochen finden
mußten.

Im Betreff dieser Künstlerin wurde immer wieder die Frage
an mich gerichtet, ob denn, da wir sie als Sängerin rühmten, ihre
Stimme wirklich so bedeutend gewesen wäre, — worunter denn
Alles verstanden zu werden schien, worauf es in diesem Falle über=
haupt ankomme. Wirklich verdroß es mich stets, diese Frage zu be=
antworten, weil es mich empörte, die große Tragödin mit jenen
weiblichen Kastraten unserer Oper in eine Rangordnung geworfen
zu wissen. Wer mich noch jetzt fragen sollte, dem würde ich heute
ungefähr Folgendes antworten: — Nein! Sie hatte gar keine
„Stimme"; aber sie wußte so schön mit ihrem Athem umzugehen und
eine wahrhaftige weibliche Seele durch ihn so wundervoll tönend
ausströmen zu lassen, daß man dabei weder an Singen noch an
Stimme dachte! Außerdem verstand sie es, einen Komponisten dazu
anzuleiten, wie er zu komponiren habe, wenn es der Mühe werth
sein solle, von einem solchen Weibe „gesungen" zu werden: das that
sie durch das von mir gemeinte „Beispiel", was dießmal sie, die
Mimin, dem Dramatiker gab, und welches unter Allen, denen sie es
gab, einzig von mir befolgt worden ist. —

Aber nicht nur dieses Beispiel, sondern alle meine Kenntniß von
der Natur des mimischen Wesens verdanke ich dieser großen Frau;
und durch diese Belehrung ist es mir eben auch gestattet, als den
Grundzug dieses Wesens die Wahrhaftigkeit aufzustellen. Die
Kunst der erhabenen Täuschung, wie sie der berufene Mime ausübt,
ist nicht durch Lügenhaftigkeit zu gewinnen; und hierin bezeichnet sich
der Scheidepunkt des ächten mimischen Künstlers von dem schlechten
Komödianten, welchen der Geschmack unserer Tage mit Gold und
Lorbeer zu überschütten sich gewöhnt hat. Dieses nur nach Lohn
ausspähende und deßhalb immer verdrießliche Volk ist denn auch
der Heiterkeit unfähig, deren göttlicher Trost Jene für die unge=
heuren Opfer ihrer Selbstentäußerung belohnt. Wir wissen von

einem großen Schauspieler, welcher für eine seinem eigenen Gefühle
nach ihm misglückte Darstellung vom Publikum beifällig bejubelt
wurde, daß er ausrief: „Vergieb ihnen, Herr! Sie wissen nicht, was
sie thun!" Die Schröder-Devrient würde vor Scham ver-
gangen sein, wenn sie der Anwendung eines unwahren Effektmittels
eine Beifallsbezeigung hätte verdanken sollen; ebenso wie es ihr
unmöglich gewesen wäre, durch die lächerlichen Modetrachten unserer
geringeren und vornehmeren Frauenwelt, etwa durch einen hochge-
wölbten falschen Chignon u. dgl. der Männerwelt zu gefallen. Und
doch war der unmittelbare, stürmisch sich kundgebende Beifall das
unentbehrliche Element, auf dessen Wogen sich die ungeheure Aufregung jener schöpferischen Selbstentäußerung getragen fühlen
wollte. Dieses wunderbare Spiel mit sich selbst, bei welchem der
Spieler sich gänzlich selbst verliert, ist keine Unterhaltung zum
eigenen Vergnügen; es ist ein gegenseitiges Spiel, bei dem euch Zuschauern der Gewinnst ganz allein überlassen ist: aber ihr müßt ihn
euch aneignen; die erhabene Täuschung, an welche der Mime seine
ganze Persönlichkeit setzt, muß euch durch und durch einnehmen, und
aus euch muß ihm die eigene, außer sich versetzte Seele antworten,
wenn er nicht als lebloser Schatten nun davonschleichen soll.

Und hier, in diesem Naturgesetze des Austausches seiner wunder
baren Kunst gegen den unmittelbar sich kundgebenden Enthusiasmus,
wie er sich im Beifalle des Publikums auszusprechen hat, wäre denn
der Dämon aufzusuchen, der so oft den Genius in seine Fesseln schlug,
und dafür uns die Gnomen und Gespenster des heutigen Theaters
an den Tag setzte. Denn er ist es, der uns mit satanischer Ironie
fragen darf: „was ist Wahrheit?" Was ist Wahrheit hier, wo Alles
auf Täuschung berechnet ist? Wer unterscheidet es, ob die persönliche Gefallsucht sich dieser Täuschung bedient, oder ob die genialste
Individualität zu eigener Selbstentäußerung sich ihrer bemächtigt?

So wäre es denn dieses schwierige Problem, welches uns zu dem Ausgangspunkte unserer letzten Untersuchung wieder zurückbrächte: nämlich die Frage, ob dem Theater eine republikanische Verfassung mit der Nöthigung zur Selbstverläugnung seiner Mitglieder ersprießlich sein dürfte?

Was hier „Selbstverläugnung" heißen kann, erkannten wir an dem Charakter der wahrhaftigen mimischen Kunst selbst, welche ihre Kraft durch die Selbstentäußerung bekundet. Wer soll diese nun, welche ganz von selbst eintritt, sobald die mimische Kunst wirklich sich bewährt, das Gesetz für jene Selbstverläugnung aufstellen und wer über dessen Erfüllung wachen?

Wir müssen hier auf den ersten Blick erkennen, daß es sich um einen reinen Widerspruch, um einen Unsinn handelt; es wäre denn, daß man von der Meinung ausginge, die mimische Kunst sei in jeder Form eine Kunst der reinen Eitelkeit und Gefallsucht, und um mit der Handhabung dieser Elemente nun so weit zu kommen, daß es dabei einen ganz anderen Anschein, nämlich den der Erreichung der höchsten Ziele der dramatischen Kunst, gewinne, müsse man republikanische Gesetze für die Komödianten erlassen, und diese durch staatliche Würdigung sanktioniren lassen.

. In Wahrheit scheint sich der Traum des Ehrgeizes einer neuen Art von Theaterdirektoren, welche in den letzten Zeiten aufgekommen ist, näher betrachtet, in dieses Trugbild aufzulösen. Es durfte verdrießen zu sehen, daß jene schöne Tugend der Selbstverläugnung dem Personale eines Theaters einfach anbefohlen werden sollte, wie dieß von den vornehmen Theater-Intendanten in ihrer Weise nöthigen Falles geschah: humaner erschien es, diese Tugend zu lehren; und als Tugendlehrer ließ man sich nun berufen, um ganz ernsthaft an das seltsame Problem zu gehen, zu lehren, was unter keinen Umständen zu lernen ist. Dagegen konnte es nicht schwer fallen, talentlosen Schauspielern, die unter keinen Umständen Ansprüche auf den Beifall des Publikums erheben durften, den

rechten Gehorsam gegen die Anordnungen des Herrn Direktors bei-
zubringen; dieß mochte wieder dadurch gelingen, daß dieser selbst vor-
nehme Manieren annahm, kleine Bewegungen mit der Hand machte,
recht kurz sprach und zur gehörigen Zeit etwa gar keine Antwort gab.
Nur durfte hier kein wirkliches Talent aufkommen, welches sofort
die ganze schwierige Übereinkunft gestört hätte. Der Mime mußte
in seinem schicklichen Fläschchen sorgfältig etikettirt auf dem Reposi-
torium aufgestellt sein, von welchem nun der dramaturgische Tugend-
Apotheker ihn herunterlangte, und nach dem Rezepte des nicht minder tugendhaften Herrn Theaterdichters in die gehörige Mischung
brachte, um so das heilsame dramatische Arkanum zu brauen, welches
am Abend dem Publikum als Beifalls-Vomitiv zum Verschlucken
eingegossen wurde.

Es wollte Manchem scheinen, als ob diese Art der Theaterpflege
nicht die ganz rechte sei, und Vielen dünkte der Litterat, sobald er
sein Heil im Theater aufzusuchen sich entschlossen hatte, doch bei
Weitem berufener. Dieser, sobald man ihn demnach zum Direktor
machte, ward nun zum Konkurrenten seiner Schauspieler: er wollte
so gut gefallen, wie diese, und, genau betrachtet, dünkte ihn der Beifall des Publikums gerechter, wenn er ihm statt dem Schauspieler zugetheilt würde, da er ja doch der Verfasser des Rezeptes sei, nach
welchem jene Arkana erst zur Wirkung gebracht wurden. Hier
wurden nun die Schauspieler so verwendet, daß das Licht der Be-
wunderung, namentlich von Seiten der Zeitungspresse, immer auf
das geistvolle „Totale" der Aufführungen fiel, durch welche, wenn
nicht die Übersetzungen oder gar „Originalstücke" des Direktors, so
doch wenigstens die von seiner meisterhaften Hand gelieferten Bear-
beitungen solcher verherrlicht wurden: nun war auf einmal
selbst Shakespeare begriffen und dem deutschen Publikum erst ordent-
lich geschenkt worden; und dieß Alles geschah mit Schauspielern,
die, namentlich auch in den Augen des für sie alle eintretenden
Dramaturgen, nicht der Rede werth waren; denn darin bestand sein

Triumph, mit seiner Truppe und etwa einem bisher für undankbar geltenden Theaterstücke den Lobspruch einzuernten, mit welchem man z. B. Meyerbeer schmeichelte, nämlich daß er ein albernes Süjet so wundervoll komponirt habe.

Daß auch hierbei nicht viel herauskommen will, scheint wiederum nicht gänzlich unbeachtet zu bleiben, und schließlich durchbricht das zügellose Komödiantenwesen überall den künstlichen Damm, den man etwa gegen seine Eitelkeit errichtet zu haben glaubte. Mit einem verächtlichen Lächeln wirft der rechte Theatervirtuose das ganze Kartenhaus über den Haufen. Wo Alles nur um Beifall buhlt, wie sollte er da Demjenigen vorenthalten bleiben, dem er einzig natürlich zuzufallen hat? Und dieß ist, wenn der Beifall ernstlich gemeint sein soll, doch ersichtlich der Mime, der jetzt, in diesem Augenblicke, sein Alles, sich selbst, seine Vergangenheit und seine Zukunft daran setzt, um dieser einen, ungeheuren Wirkung seiner Selbstentäußerung auf euch unmittelbar sich bewußt zu werden? —

So Vieles ist über die Flüchtigkeit des Mimen=Ruhmes gesprochen und gedichtet worden; nur Wenige aber werden die ganze Tragik dieses Ruhmes, dem „die Nachwelt keine Kränze flicht", richtig ermessen haben. Aus meinem Leben habe ich dagegen eine Erinnerung aufgezeichnet, welche ich, da in ihr jene Würdigung bestimmt ausgesprochen ist, hier mittheile. — Im Jahre 1835 traf ich mit Frau Schröder=Devrient, welche dort zu einem kurzen Gastspiel angekommen war, in Nürnberg zusammen. Das dortige Opernpersonale bot keine große Auswahl der zu gebenden Vorstellungen; außer „Fidelio" war nichts Anderes als die „Schweizerfamilie" herauszubringen, worüber die Künstlerin sich denn beklagte, da dieß eine ihrer frühesten Jugendrollen sei, für welche sie sich kaum mehr eignete, und die sie auch zum Überdrusse häufig gegeben habe. Auch ich sah der „Schweizerfamilie" mit Misbehagen, ja fast mit Bangigkeit entgegen, da ich nicht anders glaubte, als

daß die matte Oper und die altmodisch sentimentale Rolle der
„Emeline" den bisher stets von den Leistungen der Künstlerin er=
haltenen großen Eindruck beim Publikum, wie bei mir selbst,
schwächen würde. Wie groß war nun meine Ergriffenheit und
mein Erstaunen, als ich an diesem Abende die unbegreifliche Frau
erst in ihrer wahrhaft hinreißenden Größe kennen lernen sollte!
Daß so etwas, wie die Darstellung dieses Schweizermädchens, nicht
als Monument allen Zeiten erkenntlich festgehalten und überliefert
werden kann, muß ich jetzt noch als eine der erhabensten Opfer=
bedingungen erkennen, unter welchen die wunderbare dramatische
Kunst einzig sich offenbart, weßhalb diese, sobald solche Phänomene
sich kundgeben, gar nicht hoch und heilig genug gehalten werden kann.

Und solch' einer Frau nun Gesetze der Selbstverläugnung vor=
schreiben zu wollen! Etwa zu Gunsten der Partitur der „Schweizer=
familie", oder des Nürnberger Stadttheaters, welche beide ruhig
neben einander fortleben und nicht die mindeste Erinnerung von jenem
wundervollen Abende aufbewahren! —

Es giebt einen Einzigen, der den begeisterten Mimen in seiner
Selbstaufopferung überbieten kann: es ist der für die Freude an der
mimischen Leistung sich selbst gänzlich vergessende Autor.
Dieser allein versteht den Mimen, und ihm allein ordnet sich der
Mime willig unter. In dem ganz natürlichen Verhältnisse Beider
zu einander liegt das Heil der dramatischen Kunst einzig begründet.

Findet ihr ein Gesetz auf, welches dieses Verhältniß deutlich aus=
drückt, so habt ihr das einzige gültige Theatergesetz vor euch. Hier
hört jede Rangstreitigkeit auf, und jede Unterordnung verschwindet,

weil sie freiwillig ist. Die Macht des Dichters über den Mimen ist unbegrenzt, sobald er ihm in seinem Werke das richtige Beispiel vorhält, und als richtig kann dieses nur dadurch erfunden werden, daß der Mime in der Aneignung desselben sich gänzlich seiner selbst zu entäußern vermag. Mit dieser Aneignung des vom Dichter ihm vorgelegten Beispieles geht nun der wundervolle Austausch vor sich, in welchem der Dichter sich selbst vollständig verliert, um im Mimen nicht mehr als Dichter, sondern als das durch dessen Selbstentäußerung gewonnene höchste Kunstwerk sich kundzugeben. So werden Beide Eines, und daß der Dichter in diesem Mimen dort sich wieder erkennt, gewährt ihm die unsägliche Freude, die er nun in der Wirkung des Mimen auf die Empfindung des Publikums genießt, welcher Freude er augenblicklich entsagen würde, wollte er selbst, als etwa übrig gebliebener persönlicher Dichter, an jener Wirkung selbst ebenfalls persönlich Antheil nehmen. Der am Schlusse, wie üblich, „herausgerufene" und mit Verneigungen gegen das Publikum sich bedankende Dichter würde dann für immer ein Zeugniß des im tiefsten Grunde sich erklärenden Mislingens des mimisch=dramatischen Kunstwerkes abgeben, oder auch würde es sagen, daß Alles nur ein Vorgeben gewesen sei. Niemand aber weiß besser als der Mime, ob die vollbrachte Täuschung eine erhabene Wahrheit, oder eine thörige Lüge war, und mit nichts spricht er die Erkenntniß der Wahrheit deutlicher aus, als durch seine liebevolle Begeisterung für den Dichter, der jetzt nur noch wie ein körperloser Geist über ihm schwebt, während der Mime sich im Besitze des ganzen vom Dichter ihm überlassenen Reichthumes weiß. —

Nachdem wir hiermit das einzige dem Mimen zur Erlangung wahrer Würde ersprießliche Verhältniß ermittelt und bezeichnet haben,

6

dürfte alles Weitere, was auf seine soziale Stellung sowie auf die Verfassung des Theaters überhaupt Bezug hat, sich leicht von selbst ergeben, wenngleich es nicht leicht, ja vielleicht unmöglich sein wird, jene Stellung wie diese Verfassung nach dem Schema eines Gesetzes zu regeln.

Welchem Wohlmeinenden ist nicht einmal der Gedanke angekommen, das Theater unter den Schutz und die Aufsicht des Staates gestellt zu wissen? Immer zeigte es sich aber wieder, daß unser Staat und unser Theater hierfür zu sehr heterogener Herkunft seien. Während wir im Staate auf das Eifrigste bemüht sind, die Stützen seines alten Bestehens durch Kräftigung zu erhalten, da seine erhaltende Kraft selbst eben im Altherkömmlichen beruht, sind wir bei der Ausbildung des Theaters von allem herkömmlichen und eigenthümlich deutschen Wesen gänzlich abgeleitet worden, so daß wir in ihm ein ganz wurzelloses Gewächs vor uns haben, an dem nichts als die deutsche Zerfahrenheit und Unselbständigkeit noch deutsch ist, und das nun einzig nach den Gesetzen dieser üblen Eigenschaften sich in einem widernatürlichen Leben erhält. Hier ist demnach den Lenkern unseres Staates auch Alles unverständlich, so daß wir überzeugt sein dürften, wollten wir unsere Gedanken über das Theater in jenen Regionen einmal zur Vorlage bringen, uns etwa der Bescheid gegeben werden würde, hierüber mit dem Herrn Hoftheater-Intendanten Rücksprache zu nehmen. Als kürzlich in Berlin ein „Kunstministerium" ernannt wurde, begnügte man sich mit neuen Aufschriften auf den Museen und Anordnungen zu einer Gemäldeausstellung: seitdem erfahren wir nichts weiter von ihm. Und dieß hat, wie wir es soeben ersehen mußten, seinen ganz richtigen Grund: das Theater wird nicht zur Kunst gerechnet, am wenigsten zur deutschen Kunst.

Uns verbleibt nur die seltsame Freiheit, da, wo Niemand etwas mehr versteht, zu thun, was wir verstehen, wobei wir vermuthlich vom Hineinreden ungeplagt sein werden.

Wie alles vom rechten Beispiele abhängt, haben auch wir jetzt Allen, die keine Ahnung vom Niecrfahrenen haben können, dieses Beispiel zu geben, und hiermit zugleich auch alle die Einwände der trägen Geister zu entkräften, nämlich die gegen eure Befähigung zur Selbstverläugnung, auf welche das ganze Geleise ihres würdelosen Befassens mit dem Theater sich gründet. Auch ihr Urtheil über die moralische Befähigung eures Standes, ihr Schauspieler und Sänger, wird sich dann neu zu gestalten haben: wie eure Eitelkeit auf der Bühne, so gilt eure Habsucht außerhalb derselben ihnen als der Maaßstab, nach welchem die Richtschnur alles Verkehres mit euch zu bemessen sei. Zeigt ihnen, daß eure Gebrechen die Folgen ihrer schlechten Verwaltung eurer eigensten Angelegenheiten sind; daß ihr aber durch geistige Erhebung, wie sie allerdings durch die Befehle des Herrn Intendanten und die Anordnungen seines Herrn Regisseurs nicht hervorzurufen ist, sofort in den Stand eintretet, in welchem ihr als Könige und Edle über jenen stehet. —

Ich sagte zuvor, seine Kunst betreffe es nicht, ob der Mime ungebildet oder gelehrt, sittsam oder ausgelassen sei. Hiermit wollte ich nun aber dem blöden Urtheile nicht etwa nachgesprochen haben, welches aus schlechtherzigen Beweggründen den Künstler vom Menschen in dem Sinne getrennt wissen will, daß man sich berechtigt dünken dürfe, einen großen Künstler nach dem Maaßstabe eines schlechten Menschen zu behandeln. Im Gegentheile hat es sich erwiesen, daß eine hochherzig, d. h. mit Selbstverläugnung ausgeübte Kunst, unmöglich von einem kleinen Herzen, dem Quelle aller Schlechtigkeit eines Charakters, getragen sein könne; denn Wahrhaftigkeit ist die unerläßliche Bedingung alles künstlerischen Wesens, wie nicht minder alles Werthes eines guten Charakters. Muß dem Künstler eine besonders erregte Leidenschaftlichkeit zugesprochen werden, so büßt er diese dadurch, daß nur Er darunter zu leiden hat, während der Kaltblütige sich immer die Wolle zu seiner Wärmung aufzufinden weiß. Was ihm dagegen an Gelehrtheit, ja selbst an

6*

Bildung abgehen dürfte, ersetzt er durch Das, was durch keine noch so gelehrte Bildung gewonnen wird, nämlich durch den richtigen Blick für Das, was nur Er ersehen kann, und was der Gebildete nur dann ersieht, wenn er durch alle Bildung hindurch mit eurem Blicke zu sehen vermag, das ist: das Bild selbst, dem alle Bildung sich erst verdankt, und welches ich als jenes „Beispiel" näher bezeichnete. —

So will ich denn schließlich auch nach dieser zuletzt berührten Seite hin noch der vorzüglichen Frau gedenken, welche Allen, die sie kannten, auch durch ihren Lebensadel von unvergeßlichem Eindrucke geworden ist. Sie war leidenschaftsvoll und wurde deßhalb viel betrogen: aber sie war unfähig, die an ihr begangenen Gemeinheiten zu rächen; sie konnte zur Ungerechtigkeit im Urtheilen hingerissen werden, nie aber im Handeln. Unbefriedigt durch die wechselvollsten Lebensbegegnungen, füllte ihr unermeßlich weites Herz nur das Mitleiden gänzlich aus; sie war wohlthätig bis zu königlicher Verschwendung, denn einzig fremdes Leiden wurde ihr unerträglich. War sie auf der Bühne ganz nur das andere Wesen, welches sie vorstellte, so war sie im Leben ganz nur sie selbst: die Möglichkeit, sich für etwas geben zu wollen, was sie nicht war, lag ihr so unvorstellbar fern, daß sie hierdurch allein sich stets in der Vornehmheit zeigte, zu welcher die Natur andererseits sie mit festen Zügen bestimmt hatte. In der Sicherheit und dem Adel des Benehmens konnte sie so das Vorbild jeder Königin sein. Ihre leicht gewonnene, aber stets sorgfältig gepflegte Bildung beschämte oft die Schöngeister, welche sich ihr huldigend naheten, und welche sie aus den verschiedensten Nationen sich gegenseitig in der Sprache eines Jeden vorstellen konnte, wodurch diese zuweilen unter sich in eine Verlegenheit geriethen, der sie dann wieder gutmüthig aufhalf. Durch Witz wußte sie ihre Bildung zu verbergen, wenn sie mit ungebildeten vornehmen Herren, z. B. unseren Hoftheaterintendanten umging; ganz ließ sie jenem aber die Zügel schießen, wenn sie unter ihren Gleichen war, als welche sie gern und ohne Hochmuth ihre Theaterkollegen ansah. Ein Hauptleiden ging durch ihr Leben: sie fand den Mann nicht, welcher der Beglückung durch sie ganz werth gewesen wäre; und doch sehnte sie sich nach nichts so sehr, als nach einem still beglückten häuslichen Leben, welches sie andererseits durch die vollendetste Begabung als Wirthin und Hausfrau so heimisch und sicher als anmuthig zu machen wußte. Immer waren es nur jene schauerlich wonnevollen Seelenkrämpfe der Entrückung aus sich selbst während dieses unvergleichlichen Doppel= lebens auf der Bühne, was sie der — wie es sie oft dünkte — ver= fehlten Lebensbestimmung vergessen machen konnte. Doch selbst als Künstlerin wollte ihr Bewußtsein sich nie wahrhaft befriedigt fühlen; sie beklagte sich, nicht das Genie ihrer Mutter, der großen S o p h i e S c h r ö d e r, zu haben.

Was mochte ihr hier einen Zweifel geben?

Vielleicht, weil sie ihre große moralische Vorzüglichkeit vor ihrer Mutter erkannte, gegen deren bedenklichen Charakter sie zu einer scheuen Nachsicht gestimmt war, gleich als wenn sie diesem die Möglichkeit der Hervorbringung des übernatürlichen Genie's jener zusprechen zu müssen geglaubt hätte?

Oder war sie beschämt, daß sie dem Geiste der Musik erst Das verdankte, wodurch sie ihrer Mutter sich ebenbürtig erfinden konnte? Als ob sie sich sagte: „was wäre ich ohne Musik?" — —

Ich glaube den Genossen, welchen ich die hier aufgezeichneten ausführlicheren Gedanken über ihre Kunst vorlege, schließlich meine freundschaftliche Ehrbezeigung nicht besser ausdrücken zu können, als wenn ich diese Schrift hiermit dem Andenken der großen **Wilhelmine Schröder=Devrient** widme.